MATTHIAS HOFFMANN

WILLKOMMEN IM VATERHAUS

DEIN SCHLÜSSEL ZUM HERZEN GOTTES

SCM

Stiftung Christliche Medien

SCM R.Brockhaus ist ein Imprint der SCM Verlagsgruppe, die zur Stiftung Christliche Medien gehört, einer gemeinnützigen Stiftung, die sich für die Förderung und Verbreitung christlicher Bücher, Zeitschriften, Filme und Musik einsetzt.

© 2019 SCM R.Brockhaus in der SCM Verlagsgruppe GmbH
Max-Eyth-Straße 41 · 71088 Holzgerlingen
Internet: www.scm-brockhaus.de; E-Mail: info@scm-brockhaus.de

Soweit nicht anders angegeben, sind die Bibelverse folgender Ausgabe entnommen:
Elberfelder Bibel 2006, © 2006 by SCM R.Brockhaus in der SCM Verlagsgruppe GmbH Witten/Holzgerlingen.
Weiter wurden verwendet:
Neues Leben. Die Bibel, © der deutschen Ausgabe 2002 und 2006 SCM R.Brockhaus in der SCM Verlagsgruppe GmbH Witten/Holzgerlingen

Lektorat: Rahel Dyck
Umschlaggestaltung: Nakischa Scheibe, Stuttgart | www.nakischascheibe.de
Titelbild: istock.com/Nadezhda1906
Autorenfoto: Marita Heuchert
Satz: Christoph Möller, Hattingen
Druck und Verarbeitung: GGP Media GmbH, Pößneck
Gedruckt in Deutschland
ISBN 978-3-41726881-2
Bestell-Nr. 226.881

INHALT

VORWORT

Ich sitze da und bete. Auf einmal sehe ich vor meinem inneren Auge, wie ich einen großen weißen Korridor entlanggehe. Es sieht aus wie in einem Schloss. Alles ist weiß gestrichen: die Wände, die Fensterrahmen und auch die vielen Türen, die von diesem Flur abzweigen. Ich gehe von einem Raum in den nächsten. Flügeltüren öffnen sich, neue Räume tun sich auf. Alles atmet Weite und grenzenlose Möglichkeiten. Ich kenne mich hier zwar nicht aus, aber das macht mir keine Angst. Es fühlt sich eher nach einem Abenteuer an. So gehe ich weiter, von Raum zu Raum, verlasse alte Lebensräume und betrete Neuland.

Dann wechselt die Szene: Jetzt befinde ich mich auf einem orientalischen Basar. Der Ort erinnert mich ein bisschen an „Tausendundeine Nacht". Karawanen aus fernen Ländern treffen ein. Es herrscht ein buntes Treiben. Menschen reden in fremden Sprachen wild gestikulierend durcheinander. Mir gefallen die bunten Stoffe ihrer verschiedenen Gewänder. Händler preisen Waren an. Auf dem Marktplatz gibt es ein überreiches Angebot von Obst, Gemüse, Gewürzen, Stoffen und anderen Köstlichkeiten des Orients. Mein Blick bleibt hängen bei einem Stoffhändler. Seine Stoffe stechen aus der Masse hervor. Besonders ein goldglänzender Ballen. Viele bleiben stehen, streicheln mit ihren Händen prüfend über das wertvolle Material. Eine enorme Faszination geht von diesem goldenen Stoff aus. Auch mich zieht es zu ihm hin.

Ehe ich den Stoff berühren kann, wechselt die Szene erneut: Nun befinde ich mich in der Werkstatt eines Meisterschneiders. Hier wird Maß genommen und anprobiert. Jeder einzelne Kunde wird ganz spezifisch und individuell bedient. Der Meister und seine Gesellen sind grandios darin, für jeden das beste Gewand anzufertigen. So auch für mich. Da sehe ich auf einmal den goldenen Stoff wieder. Der Meister schneidet ihn zu und fängt an, einen Mantel daraus zu fertigen. Und zwar für mich. Der Mantel passt mir haargenau, wie angegossen. Als ich ihn anprobiere, sehe ich, wie sich die goldene Farbe auf einmal verwandelt und in allen Farben des Regenbogens glitzert und glänzt.

Ich spüre, dieser Mantel trägt ein Geheimnis. Wer ihn anzieht, erlebt darunter Heilung und Wiederherstellung. Ich kann fühlen, wie Wunden sich darunter heilsam schließen. Wie totes Gewebe darunter verschwindet und neue zarte Haut erwächst. Ja, es kommt mir so vor, als ob unter diesem Mantel sogar Wunder wahr werden; selbst fehlende Organe scheinen darunter neu wachsen zu können. Dieser Mantel ist mehr als ein schönes Kleidungsstück. Er ist Verband und Medizin zugleich. Er überkleidet die Hässlichkeit der Schwachheit und bringt neue gesunde Schönheit hervor.

Ich mache meine Augen wieder auf und bin hellwach. Ich empfinde, Gott hat sich gerade zu Wort gemeldet. Was er mir dadurch mitteilen will, ermutigt mich ungemein. Gerne gebe ich diese Ermutigung auch an Dich, liebe Leserin und lieber Leser, weiter!

Der weiße Korridor steht für Aufbruch in neues Land. Ja, dazu bin ich bereit! Du auch? Ich will Altes verlassen und

Neues betreten. Mein Gebet ist es, dass dieses Buch Dir dabei weiterhelfen wird, neue Lebensräume zu entdecken und zu betreten.

Der Basar steht für mich für Lebenshunger, aber auch für Weichenstellung. Es gibt Zeiten, Orte und Situationen, da entscheidet sich, wie unser Leben künftig weiterlaufen wird, wohin die Reise geht. Wir können Leben verpassen oder auch finden. Es kommt darauf an, wach zu sein und die richtigen Schritte zu gehen. Mein Gebet für Dich ist, dass Dein Hunger nach dem wahrem Leben an der richtigen Stelle gestillt wird.

Der Meisterschneider, das ist Jesus. Natürlich!
Und der Mantel, der steht für mich für die Vaterliebe Gottes. Im Laufe der letzten 15 Jahre habe ich diesen Mantel selbst tragen dürfen und auch mit vielen anderen geteilt. Ja, es stimmt: Unter dem Mantel seiner Vaterliebe werden Herzen geheilt und wiederhergestellt. Hässlichkeit wird in Schönheit verwandelt, Totes in Lebendiges.

Ich wünsche Dir, dass Du beim Lesen dieses Buches selbst unter den Mantel unseres himmlischen Vaters kommst und die unbeschreibliche Erfahrung seiner wohltuenden, heilsamen Nähe machst. Auf den kommenden Seiten beschreibe ich die größte Entdeckung meines Lebens. Bei Abba-Vater finde ich das Leben, nach dem ich immer gesucht habe. Die Botschaften, die ich in den folgenden Kapiteln aufgeschrieben habe, durfte ich in den letzten Jahren Hunderte Male in verschiedener Form verkündigen. Voller Dankbarkeit konnte ich miterleben, wie Tausende von Menschen in Deutschland und vielen anderen Nationen der Liebe des Vaters dabei persönlich begegnet sind. So bete ich auch für Dich, liebe Leserin und lieber Leser, wo immer Du Dich auf Deiner Reise näher ans Vaterherz Gottes gerade befindest, dass Jesus Dich findet und zu Abba-Vater nach Hause bringt.

Denn dort wartet das Leben auch auf Dich!
Willkommen im Vaterhaus!

Im ME(E)HR seiner Liebe

Dein/euer
Matthias Hoffmann

Hannover 2018/2019

TEIL I:

DER WEG

Das Leben mit Gott gleicht einer Reise.
Es ist ein langer Weg.
Mit einem ganz bestimmten Ziel.
Aber manchmal verlieren wir dieses Ziel aus den
Augen.
Oder wir wissen gar nicht recht, was sich dahinter
verbirgt.
Deshalb brauchen wir Hilfe – einen Helfer, einen
Voraus-Geher.
Einen, der sich auskennt.
Einen, der den Weg selbst gut kennt!

KAPITEL 1:

MEINE GESCHICHTE MIT JOHANNES 14,6

Jesus spricht: „Ich bin der Weg und die Wahrheit und das Leben.
Niemand kommt zum Vater als nur durch mich."

Es gibt Bibelverse, die haben eine ganz besondere Bedeutung in
unserem Leben. Wir verbinden sie mit persönlichen Erfahrungen und speziellen Augenblicken. Ich kann noch genau sagen,
wann und wo mir diese vertrauten Worte aus dem Johannesevangelium zum ersten Mal begegnet sind.

Ich war damals ein kleiner Junge; ich muss ungefähr sechs
oder sieben Jahre alt gewesen sein und besuchte mit meiner Familie sonntags eine konservative, bibelgläubige Freikirche. Dort
im Kinder-Gottesdienst (oder wie es damals genannt wurde: in
der Sonntagsschule) lernte ich ein Kinderlied mit diesen ein-
prägsamen Worten aus dem Mund Jesu. Und da Musik immer
schon ein sehr wichtiger Zugang zu meinem Herzen war, dran-
gen diese schlichten Worte gleich in mein Innerstes.

Einige Jahre später – es war ein „ziemlich normaler" Sonn-
tags-Gottesdienst – konnte Gottes guter Geist diese Worte der
Wahrheit, die tief in mir schlummerten, „aktivieren". Mittlerweile war ich Teenager geworden. Den nötigen Anstoß bekam

ich durch den persönlichen Erfahrungsbericht eines jungen Mannes, der im Gottesdienst glaubhaft berichtete, wie Jesus Christus als auferstandener Herr ihm begegnet war. Das packte mich und ließ mich nicht mehr los. Vom Rest des Gottesdienstes und der Predigt bekam ich nicht mehr viel mit. Aber in mir summte auf einmal ein kleines Kinderlied: „Jesus ist der Weg, die Wahrheit und das Leben!" Diesen Ohrwurm wurde ich nicht mehr los. Die ganze Zeit über, selbst nach dem Gottesdienst, klangen diese Worte in mir. Schließlich kam ich heim und überlegte ernsthaft, mich irgendwie abzulenken, um zu übertönen, was sich in mir zu Wort meldete. Ich dachte daran, den Fernseher einzuschalten oder gar Hausaufgaben (an einem Sonntag?!) zu machen.

Wovor fürchtete ich mich nur so sehr? Was passierte da mit mir?

Ich bin so dankbar, dass ich mich damals gegen die Ablenkung entschied. Ich ging allein in mein Zimmer, kniete mich vor mein Bett nieder und sagte zu einem unsichtbaren Gott:

„Jesus, wenn Du wirklich da bist, dann komm bitte in mein Leben; zeig Dich mir so, dass ich Dich verstehen kann, und sei mein Herr!"

Dieses kleine Gebet veränderte alles.

Auf einmal wusste ich mit absoluter Gewissheit: Jesus lebt! Er ist tatsächlich auferstanden und ist hier bei mir! Er kennt und sieht mich, und er liebt mich! In einem Moment der Ewigkeit war mir völlig klar: So schmutzig, wie ich bin, kann ich vor diesem wunderbaren Jesus nicht bestehen. Aber ich wusste auch sogleich: Dafür ist er ja gekommen, um am Kreuz für meine Schuld zu sterben. Er vergibt mir all meine Schuld, weil er mich so sehr liebt. Diese Gewissheit seiner unendlichen Liebe und

Nähe wichen nicht mehr von mir und wurden von dem Tag an zur festen Größe meines Lebens.

Jesus ist der einzige Weg. Der wahre Weg zum Leben – zu einem Leben mit Gott. Diese Wahrheit umarmte ich damals mit jeder Faser meines Wesens. Ich wurde ein Nachfolger Jesu, ein Christ, ein Verkündiger dieser Wahrheit. Bald ließ ich mich taufen, wurde Teil einer Gemeinde und kurz darauf ein treuer Mitarbeiter.

So weit, so gut!

Doch ehe ich mich versah, fand ich mich in einem „religiösen System" wieder.

Wie ich Glauben verstand und wie man ihn mir nahebrachte, sah in etwa so aus: Jesus tat alles für mich bzw. für uns. Und jetzt ist es dran, dass ich und wir ihm durch unser Dienen etwas „zurückgeben". Dienen ist Dank für Golgatha. Ich wurde Teil dieses Systems. Ich wurde ein sehr guter Mitarbeiter und schließlich ein Repräsentant; ich wurde Pastor. Die folgenden Jahre lebte ich in völliger Hingabe an den Dienst für Jesus. Und ich motivierte viele andere, auch mitzumachen.

Wer diesen Weg auch eingeschlagen hat, weiß, wovon ich rede, und kennt aus eigener Erfahrung die Abseitsfallen. Wann hat man je genug für Jesus getan? Wann hast Du je genug gebetet, genug Bibel gelesen, genug Menschen von Gott erzählt? Irgendwie scheint es nie genug zu sein! Darum hatten die meisten Predigten, die ich damals hörte (oder selbst hielt) folgende Botschaft: „Streng Dich mehr an! Es ist nicht genug. – Du genügst nicht! – Wir brauchen mehr Geld, mehr Mitarbeiter, mehr Ressourcen für das Reich Gottes! Genug ist nicht genug!"

Dieser enorme Stress und Überforderungsdruck führt bei vielen Mitarbeitern in Kirchen und Gemeinden unweigerlich in den Burn-out. So leider auch bei mir. Ich sah mich in der Mitte meines Lebens, völlig am Ende meiner Kraft und bitter enttäuscht von Gott und Menschen und am meisten von mir selbst. Denn ich genügte ja nicht!

Mitten in dieser tiefen Lebenskrise begegnete mir die Liebe Gottes ein weiteres Mal auf eine erstaunliche Weise. Ewig werde ich meinem Jesus dafür danken.

Und es waren wieder die Worte aus Johannes 14,6, die mein Herz aufs Neue hören musste. Doch dieses Mal anders.

Ich empfand Gottes Reden in mir: „Mein Sohn, die erste Hälfte Deines Lebens hast Du die erste Hälfte dieses Bibelverses gelebt und erlebt: Jesus ist der einzig wahre Weg zum Leben! – Aber von jetzt an, in der zweiten Hälfte Deines Lebens, wirst Du die zweite Hälfte dieser biblischen Wahrheit entdecken, leben und erleben:

Niemand kommt zum Vater außer durch mich. Ich – Jesus – bin der Weg zum Vater. Und beim Vater ist das wahre Leben zu finden!"

In den folgenden Monaten und Jahren schenkte mir Jesus eine gänzlich neue Offenbarung von der Vaterliebe Gottes. Es war (und ist) für mich so, als ob sich das ganze Evangelium neu entfaltet. Gott hat nie meine Leistung und Mitarbeit gesucht. Der Vater wollte immer das Herz eines Kindes. Kindliches Vertrauen. Söhne und Töchter seiner Liebe. Darum geht es ihm.

Ich bin endlich nach Hause gekommen!

In den vergangenen Jahren habe ich miterlebt, wie Tausende und Abertausende von geliebten Kindern Gottes auch nach Hause kamen.

Der Weg dahin ist oft weit. Versperrt durch falsche Lehren und religiöse Gedankengebäude.

Die Wahrheit ist oft schwer anzunehmen. Zu lange lebten wir als Waisenkinder versklavt, mussten alles selbst machen.

Aber das Leben ist tatsächlich beim Vater zu finden. Es geht um Freundschaft, Liebe und Herzensbeziehung – und nicht um Leistung und Erfolge. Das ist ein völlig anderes Lebensgefühl!

Je länger ich in dieser herrlichen Offenbarung der Vaterliebe Gottes leben darf, desto mehr neue und schöne Facetten entdecke ich. Gerade auch durch das Nachsinnen über Johannes 14,6. Dieses Gotteswort ist mir Türöffner zum Glauben an Jesus Christus geworden, aber auch Schlüsselwort für die tieferen Kostbarkeiten aus der Schatzkammer meines himmlischen Abbas. Gerne will ich Dich mitnehmen und Dir verborgene Kronjuwelen und majestätische Herrlichkeiten unseres himmlischen Vaters zeigen.

Es gibt noch so viel mehr bei ihm zu entdecken!

KAPITEL 2

JESU LETZTE WORTE

Seit ich die Bibel lese, haben mich die Worte Jesu aus dem Johannesevangelium immer schon ganz besonders angesprochen und fasziniert. Der Jünger Johannes ist mir von seinem Menschentyp her so nahe. Ursprünglich war er ein Choleriker, wie er im Buche steht. Jesus gab seinem Freund einmal bei passender Gelegenheit den Spitznamen „Donnersohn". Und das aus gutem Grund. Nach all den Jahren Weggemeinschaft und täglicher Jüngerschaftsschule hatte Johannes immer noch nicht begriffen, worum es Jesus wirklich geht und wie das Leben im Reich Gottes aussieht. Seine Ungeduld und sein ungestümer Eifer hatten wieder einmal Besitz von ihm ergriffen. So wollte er zornig am liebsten Feuer vom Himmel auf „unbußfertige Sünder" fallen lassen. Aber da macht der Meister nicht mit. Stattdessen erinnert Jesus seinen jungen Freund daran, wes Geistes Kinder wir sind. Er kam doch, um die Menschen mit der Liebe Gottes zu gewinnen, und nicht, um sie zu zerstören.

Erstaunlich, wie sich über die Jahrzehnte der Charakter des Johannes verändert hat: Vom Donnersohn wird er zum Apostel der Liebe. Aus einem ungeduldigen Jüngling wird ein reifer, geistlicher Vater. Am Ende seines langen Lebens schaut er zurück und weiß nichts anderes mehr zu berichten als: Gott ist die Liebe (*agape*), siehe 1. Johannes 4. In seinen drei Briefen, die er an die Gemeinden in Kleinasien (heutige Türkei) verfasst, ergründet er das Geheimnis dieser großen Liebe. In der Verbannung auf der Insel Patmos empfängt er als alter Mann ein weiteres Buch mit Offenbarungen aus dem Himmel. Auch hier unterstreicht er die Botschaft, dass am Ende aller Kämpfe in der Welt die große Liebe Gottes siegen wird.

Im hohen Alter schreibt er schließlich noch einen ausführlichen Bericht über seinen Lebensweg mit Jesus – das Johannesevangelium. Dieser Beitrag unterscheidet sich stark in Inhalt und Stil von den anderen drei Evangelien (Synoptikern). Zum einen ist Johannes ein ganz spezieller Augenzeuge. Er nennt sich selbst den „Jünger, den Jesus liebte" oder den „Jünger, der an der Brust Jesu lag". Ihn zeichnet also eine vertraute Herzensnähe zu Jesus Christus aus. So wurde er Augen- und Ohrenzeuge vieler Reden und Begegnungen Jesu, die die anderen Jünger so nicht miterlebt hatten. Zum anderen formuliert er große Teile seines persönlichen Erfahrungsberichts in der Sprachweise und Begrifflichkeit der „Gnosis".

Die Gnosis, zu Deutsch „Erkenntnis", war ein sektiererisches Zeitgeist-Phänomen, mit dem die junge Gemeinde in der damaligen Zeit zu kämpfen hatte. Aus heutiger Sicht fällt es schwer, ein klares Bild dessen zu zeichnen, was diese Irrlehren alles beinhalteten.

Vielleicht ähnlich wie in der heutigen esoterischen Szene, verlangten die Menschen damals nach übernatürlichen, sinnlichen Gotteserfahrungen. Sie hielten Ausschau nach göttlicher Kraft, gepaart mit geheimnisvollen, philosophischen Lehren für Spezial-Eingeweihte. So diffus die Meinungen und Lehren der

Gnosis in Detailfragen auseinanderliefen, so waren sich die Vertreter der diversen Strömungen doch in einigen wenigen Kernaussagen halbwegs einig: Man glaubte an einen unpersönlichen Schöpfergott, ein reines Geist-Wesen, das in alle Menschen einen göttlichen Funken *(pneuma)* hineingelegt hatte. Und diesen Samen göttlicher Kraft galt es nun freizusetzen (durch religiöse Übungen: Askese oder Erkenntnis). Worte wie Licht, Wahrheit und Herrlichkeit fanden große Beachtung. Die materielle Welt war zu vernachlässigen. Man verlagerte das Hauptmerk auf die mystische, unsichtbare Welt. Das Ziel war dabei, wahres, göttliches Leben *(zoe)* zu empfangen. Dafür bedurfte es besonderer spiritueller Vermittlung durch einen göttlichen Mittler, den himmlischen *logos*, ein Bote und Geistwesen. Und es brauchte auch viel menschliche Energie und religiöse Leistung.

Können wir jetzt etwas besser nachvollziehen, wie provokant es sich angehört haben muss für die gnostisch verseuchten Ohren der infizierten Sektengeschädigten, wenn das Johannesevangelium folgendermaßen beginnt:

„Im Anfang war das Wort (logos), und das Wort (logos) war bei Gott und das Wort (logos) war Gott."
Johannes 1,1

„In ihm war Leben (zoe), und das Leben (zoe) war das Licht der Menschen. Und das Licht scheint in der Finsternis, und die Finsternis hat es nicht erfasst."
Johannes 1,4-5

„Er kam in das Seine und die Seinen nahmen ihn nicht an; so viele ihn aber aufnahmen, denen gab er das Recht, Kinder Gottes

zu werden, denen, die an seinen Namen glauben.“
JOHANNES 1,11-12

„Und das Wort (logos) wurde Fleisch und wohnte unter uns, und wir haben seine Herrlichkeit angeschaut, eine Herrlichkeit als eines Eingeborenen vom Vater, voller Gnade und Wahrheit.“
JOHANNES 1,14

„Denn aus seiner Fülle haben wir alle empfangen, und zwar Gnade um Gnade.“
JOHANNES 1,16

„Niemand hat Gott jemals gesehen, der eingeborene Sohn, der in des Vaters Schoß ist, der hat ihn kundgemacht.“
JOHANNES 1,18

Schon mit diesen ersten Zeilen stellt der Apostel Johannes die gesamte gnostische Weltsicht auf den Kopf – oder besser gesagt, er stellt sie auf den Boden der biblischen Realität und Wahrheit:

Jesus Christus ist kein Guru oder engelhafter Religionsvermittler. Er ist vielmehr der Sohn Gottes in Person. Er wurde Mensch aus Fleisch und Blut und damit auch Materie (und nicht nur Geist-Wesen). Wir haben einen persönlichen Gott, der unser liebender Vater und Schöpfer ist. Nicht durch religiöse Anstrengung, sondern durch eine vertrauensvolle Liebesbeziehung zu diesem realen Vater-Gott kommen wir in den Genuss des wahren, göttlichen Lebens. Und das ist Gnade, ein unverdientes Geschenk des Himmels!

Somit haben wir bereits einige der ganz wichtigen Hauptwörter des Johannesevangeliums kennengelernt. Hier sind noch ein paar weitere:

Wort, Licht, Finsternis, Wahrheit, Lüge, Welt, Tod, Himmel, Gnade, Fülle, Frucht, glauben, betasten, erkennen, sehen, bezeugen, aufnehmen, senden, kommen, bleiben, der Sohn, der Vater, der Geist, Wille, Kraft, Herrlichkeit, ein neues Gebot, Reich Gottes, von Neuem geboren, Liebe, lieben ... und besonders: Leben!

„Ich bin gekommen, damit sie Leben haben, und es im Überfluss haben."
JOHANNES 10,10

„Weil ich lebe, werdet ihr auch leben."
JOHANNES 14,19

Wenn ich das Johannesevangelium lese, dann fällt mir auf, wie oft der Apostel die Predigten Jesu ausführlich wiedergibt. Da muss einer wirklich sehr nah dran gewesen sein und sehr gut zugehört haben. Die Ich-bin-Worte Jesu; die persönlichen Gespräche, etwa mit Nikodemus oder der Frau am Brunnen; die vielen Hinweise auf Gott, den Vater; und ganz besonders Jesu letzte Worte an seine Freunde ... Das ist einzigartig! Nirgendwo in der ganzen Heiligen Schrift wird uns Gottes Vaterherz so plastisch vor Augen gemalt. Alles dreht sich um ihn – den Schöpfergott, der sich uns als liebender Abba-Vater offenbart hat. Das ist die entscheidend *neue* frohe Botschaft! Das ist völlig anders als das religiöse Leistungssystem der Juden oder das esoterische Durcheinander der Gnosis. In beide Richtungen bezeugt Gottes Wort durch den Apostel Johannes (dessen Name schon Programm ist, denn er heißt: „Jahwe ist gnädig!"):

„Denn so hat Gott [der Vater] die Welt geliebt, dass er seinen eingeborenen [einzigartigen] Sohn [Jesus Christus] gab, damit

19

jeder, der an ihn [Jesus] glaubt [vertraut], nicht verloren geht,
sondern ewiges Leben (zoe) hat!"
JOHANNES 3,16

Das wahre Leben, nach dem wir Menschen uns alle so sehr seh-
nen, finden wir nur bei diesem wunderbaren Vater-Gott! Und
das hat Jesus Christus erst möglich gemacht.

Diese erlösende Wahrheit begegnet uns auch in den letzten Worten Jesu an seine Jünger (die sogenannten „Abschiedsreden" in
Kapitel 14–17). Wenn Du wüsstest, dass Du nur noch wenig Zeit
zu leben hast, was würdest Du Deinen Freunden mitteilen? Im
Angesicht der Endlichkeit unserer Tage wird das wichtig, was
wirklich für uns zählt. Die Nebensächlichkeiten werden klein
und unbedeutend. Es ist schon interessant, welche Themen der
Meister auf der Ziellinie seines irdischen Lebens noch einmal
mit seinen Freunden betrachtet.

Ich lese immer wieder sehr gerne diese mir so vertrauten Worte meines himmlischen Freundes aus Johannes 14–17. Sie ver-
leihen mir Hoffnung, machen mir Mut und geben mir Orientierung. Es lohnt sich, diese Worte in einem Stück zu lesen, aber sie
dann auch über Tage und Wochen hinweg häppchenweise, Vers
um Vers, zu meditieren, über sie nachzusinnen und sie auf sich
wirken zu lassen. Es steckt so unglaublich viel Leben in ihnen!

> • Sicherlich hast Du bereits Deine ganz eigenen Er-
> fahrungen und Erinnerungen mit diesen Worten
> Jesu. Was ist Dir dabei persönlich wichtig gewor-
> den?

Jesus redet davon, dass wir nicht traurig sein müssen, wenn

20

er weggeht. Er, der Tröster, und sein Vater, der Gott allen Trostes, sie senden uns zusammen einen anderen Tröster, den Heiligen Geist. Im griechischen Originaltext steht hier das Wort *parakletos*. Das bedeutet übersetzt: Tröster, Beistand, Herbeigerufener, Fürsprecher. In der Antike war der „Paraklet" ein Inbegriff für den „allerbesten Freund". Er war die Vertrauensperson schlechthin, der man das Recht gab, die eigenen Anliegen vor Gericht als Anwalt zu vertreten.

Das ist Jesu Versprechen an seine Freunde:

„Ihr werdet niemals allein sein. Und niemals ohne Trost und Hilfe. Ihr seid keine Waisenkinder, sondern meine Freunde und Kinder und gehört zur Familie. Ihr seid Teil der Einheit und vollkommenen Liebe, die zwischen Vater, Sohn und Heiligem Geist existieren. Ihr habt ein ewiges Zuhause, in dem ihr bleiben dürft. Bei mir ist das wahre Leben in Fülle!"

Ich höre diese Worte wie ein Vermächtnis des Sohnes Gottes auf dem Weg zum Vater. Wie ein Testament, sein letzter Wille hier auf Erden. Diese Worte haben Gewicht und Bedeutung in besonderer Weise. Ich will darauf hören, was er mir damit zu sagen hat.

Was er hier ausspricht und worum er seinen Vater bittet, ist mir ganz wichtig!

Neulich ist eine gute Freundin von uns gestorben – heimgegangen.

Ich kann mich noch ganz genau an die letzte Begegnung und die letzten Worte erinnern, die wir miteinander gesprochen haben. Ich erinnere mich an das, was und wie sie es sagte. Und ich weiß auch noch, was mir selbst beim Abschiednehmen wichtig zu sagen war. So etwas vergisst man nicht, oder?! Das ist mehr als ein letzter Informationsaustausch. Da ist so viel Atmosphäre, so viele Gefühle mit im Spiel.

Wie war das wohl bei Jesus und seinen Jüngern gewesen?

Gerade noch hat der Meister ihnen die Füße gewaschen und mit ihnen das letzte Abendmahl im Obergemach gehalten. Welche Atmosphäre und Gefühle waren da wohl mit im Raum? Und dann diese Abschiedsworte! Und sein herzliches Gebet!

Ich glaube, es war und ist Jesus wichtig, uns, seinen Freunden und Jüngern, nicht nur letzte Anweisungen und To-do-Listen mit auf den Weg zu geben. Es geht womöglich gar nicht nur um den tatsächlichen Inhalt der gesprochenen Worte. Ich vermute, so wie ich meinen Jesus kennengelernt habe, da hat er in den letzten Stunden noch etwas anderes hineingelegt und hinterlassen im Kreis seiner Jünger. Nämlich ein Lebensgefühl, eine Realität im geistlichen Raum. Das ist die Lebenskraft des neuen Geistes – *dynamis*. Nenne es das göttliche Gnadengeschenk *charisma*. Die Jünger spürten die Präsenz des Himmels, die Atmosphäre der Ewigkeit, das wahre Leben – *zoe*.

Um dieses Leben geht es!

Ein Leben, das selbst im Angesicht des Todes noch zu spüren ist.

Nach diesem wahren Leben halten Menschen seit Generationen Ausschau.

So auch ich! – Und auch Du?

Die folgenden Fragen sollen Dir bei Deiner eigenen persönlichen Reflexion weiterhelfen (sie eignen sich auch sehr gut für ein Gespräch in der Kleingruppe):

22

- Wo ist Leben zu finden?! – Ich will leben, nicht einfach vegetieren!
- Wann bin, wann fühle ich mich wirklich lebendig?
- Gibt es ein Leben nach dem Tod?
- Und wie sieht dann echtes Leben vor dem Tod aus? Ich habe davon gehört, dass Menschen erfüllt und lebenssatt gestorben sind – das hört sich irgendwie gut an! Das möchte ich auch ...
- Es gibt Menschen, die träumen vom Leben – und andere, die leben ihren Traum! Worin liegt da der Unterschied, was machen sie anders?
- Was ist oder soll die Botschaft und Quelle meines Lebens sein?
- Wofür steht meine kleine Lebenswelt?
- Kann Gottes Liebe wirklich Biografien neu schreiben? Und wie macht er das?
- Bist Du auch so durstig und hungrig nach dem wahren Leben aus Gott?
- Zu mir sagte mal jemand: „In unserer Gemeinde kann man Jesus finden, aber nicht das Leben!" – Aber was für ein „Jesus" ist das dann?!
- Warum gibt es in den Gemeinden so viele müde und „ausgebrannte" Leute?
- Warum ist nur so wenig Lebensfreude in den Kirchen zu spüren?
- Warum sind so viele Gottesdienste tödlich langweilig und lebensfremd?
- Was verbindest Du mit Leben?!
- Was bedeutet für Dich echtes, tiefes, glückliches Leben?
- Welches Lebensgefühl bestimmt Dich momentan?

Es gibt so viele Lebensfragen. Ich bete und wünsche mir sehr, dass Du beim Lesen dieses Buches auf Antworten stößt, die Dir weiterhelfen. Ich habe in den letzten Worten Jesu aus dem Johannesevangelium einen Schlüssel für mein kleines Leben gefunden. Einen Schlüssel zum Herzen Gottes. Wie ich bereits berichtet habe, wurde mir der Bibelvers aus Johannes 14,6 zum Geburtshelfer für mein neues Leben.

Jesus spricht: „Ich bin der Weg und die Wahrheit und das Leben. Niemand kommt zum Vater als nur durch mich."

Bei Abba-Vater finde ich das Leben!

Davon möchte ich Dir gerne erzählen und würde mich freuen, wenn es auch Dein Herz (neu) zum Leben erweckt.

Willst Du Dich mit mir zusammen auf den Weg machen, diesem Leben zu begegnen?

KAPITEL 3:

JESU EINZIGARTIGE BEZIEHUNG ZU ABBA-VATER

Ich sage immer: Jesus Christus kam aus drei guten Gründen auf unsere Welt.

Erstens: Er kam, um uns mit Gott zu versöhnen, indem er stellvertretend für unsere Sünden am Kreuz auf Golgatha starb und am dritten Tag von den Toten wieder auferstand.

Zweitens: Er kam, um das Königreich Gottes in der Kraft des Heiligen Geistes zu demonstrieren – durch Zeichen und Wunder seiner göttlichen Kraft.

Drittens: Er kam, um den Menschen zu zeigen, wer und wie Gott wirklich ist – nämlich ein liebevoller Abba-Vater!

Diese Offenbarung, dass unser Gott ein Vater mit einem Herzen voller Liebe ist, bleibt auch zweitausend Jahre später noch eine unbekannte Größe für die allermeisten Menschen. Die Mehrheit der Erdbewohner kennt keinen persönlichen, liebevollen Vater-Gott. Und schon gar keinen Gott, der ein Herz hat. So glauben die meisten, dass Gott eine unpersönliche, herzlose Kraft sei oder zumindest ziemlich weit weg und unnahbar.

Können wir überhaupt ermessen, was das bedeutet haben muss, als Jesus Christus sich damals einmischte und dem Volk Israel die Neuigkeit mitteilte, dass ihr Jahwe-Gott in Wirklichkeit ein zärtlicher Abba-Papa ist?! Tausende Jahre hatten die Juden mit einem völlig anderen Gottesbild und Verständnis gelebt: Sie dienten ehrfurchtsvoll einem fernen Heiligen. Sie wagten nicht einmal, seinen Namen auszusprechen. Ihre Gottesdienstrituale drückten eher beeindruckende, aber geheimnisvolle Ferne aus. Und nun sagt dieser Rabbi aus Nazareth (was kann eigentlich Gutes aus Nazareth kommen?!): Jahwe ist Abba!

Das war und ist ungeheuerlich! In den Ohren der Frommen klingt das wie eine Gotteslästerung. So kann man doch nicht von dem heiligen Gott sprechen! Ist uns bewusst, dass unser Herr und Meister genau wegen dieser Äußerung ans Kreuz genagelt wurde? Weil er behauptete, dass Jahwe-Gott ein liebender Abba-Vater ist – und er, Jesus Christus, Gottes Sohn und damit dessen Repräsentant. Als Jesus das sagte, zerriss der Hohepriester Kaiphas seine Kleider, als Zeichen der äußersten Empörung, und rief: „Blasphemie! Weg, ans Kreuz mit ihm!" Die religiösen Geister zu allen Zeiten können diese Wahrheit nicht ertragen und geraten in Rage. Nicht, weil Jesus Kranke heilte oder andere Wunder vollbrachte, wurde er hingerichtet. Auch nicht, weil die Leute ihn damals für einen großen Propheten oder gar für den ersehnten Messias hielten. Nein, erst das Reden über seinen Abba-Vater brachte das Fass der Empörung und Wut zum Überlaufen.

Jesus war ein wunderbarer Erzähler von Gleichnissen und Geschichten. Er beherrschte diese orientalische Erzählkunst wie kein anderer. Mit seiner Wortmalerei hinterließ er unvergessliche Eindrücke bei den Zuhörern. Auf diese Art lud er sie ein, sich mit ihm zusammen auf den Weg zu machen. Und das in einer Zeit, in der die meisten Menschen weder lesen noch schreiben konnten und es auch keine Medien gab, um das Gehörte festzuhalten oder zu reproduzieren. Durch zeitlose Bildworte malte er die Wahrheit Gottes vor die inneren Augen der Menschen. So auch das Bild von Gott als liebendem Vater in Lukas 15. Dies Gleichnis wurde bekannt als Gleichnis vom „Verlorenen Sohn" – dabei müsste es vielmehr heißen: die Geschichte von dem „unfassbar liebenden Vater"!

Mit dieser Geschichte wollte Jesus einzig und allein zeigen, wie Gott als Vater wirklich ist.

Natürlich kennen wir alle diese alte Geschichte – vielleicht sogar viel zu gut, sodass wir fälschlicherweise meinen, wir wüssten alles bereits. Bei unseren Vaterherz-Seminaren, die wir seit über 15 Jahren fast wöchentlich in Deutschland und vielen anderen Nationen durchführen, machen wir immer wieder dieselbe Erfahrung: Die Leute denken, sie wüssten schon alles über die Liebe Gottes – und ja, natürlich, Gott ist ein Vater und er ist die Liebe ... Was ist da Neues dran?! „Vielen Dank, das habe ich alles schon gewusst!" – wie oft haben wir diese Worte unterwegs bereits gehört!

Vater ist ein Beziehungswort!

Jesus stellt uns seine einzigartige Beziehung zu Abba-Vater vor.

Du kannst sagen: Jesus ist mein Herr! – und damit sprichst Du eine grundlegende Wahrheit aus. Es ist eine juristische Aussage: Ich gehöre nicht mehr länger mir selbst. Ich habe mein kleines Leben Jesus als Herrn anvertraut. Und ich gehöre auch nicht mehr länger dem Teufel und dessen Machenschaften an. Aber das sagt noch nichts über Deine Nähe und Freundschaft zu Jesus aus. Lediglich, dass er Dein Retter und Erlöser ist! Ja, das ist auch schon sehr viel.

Aber wenn wir bekennen: Abba ist mein Papa! – dann sprechen wir über Beziehung und Liebe. Das geht nicht ohne Herzensnähe und Berührung. Wir betreten eine andere Ebene von Vertrautheit und Zugehörigkeit. Es geht um eine Liebesbeziehung, die sich fortlaufend weiterentwickelt, vertieft und neue Facetten erlebt.

Der Vater aus dem Gleichnis in Lukas 15 ist ein gütiger, reicher und liebevoller Papa, der schnell bereit ist zur Vergebung und seine Kinder zurück nach Hause liebt. Jesus sagt uns damit: Genauso ist mein Vater im Himmel, euer Gott! Er sehnt sich danach, die Herzen seiner Kinder zu gewinnen, schließt sie in seine Arme, bedeckt sie mit Küssen, holt sie herein ins Vaterhaus seiner Liebe. Ein umarmender, küssender, zärtlicher Vater passt oftmals nicht zu den religiösen Gottesbildern, die die Leute von Gott haben.

- Wie geht es Dir damit? Wie nahe ist Dir diese Offenbarung – Gott als liebevoller Papa?!

In den letzten Jahren habe ich miterleben dürfen, wie Tausende von Menschen diese Entdeckung erstmals oder erneut gemacht haben: Gott ist mein liebender Vater und er hat ein Herz voller Liebe für mich! Was ist daran so entscheidend neu, kann man fragen. Ich glaube, es ist genauso wie damals, als Jesus diese Geschichte zum ersten Mal erzählte. Viele Christen haben die Tiefendimension einer Herzensbeziehung zu Abba-Vater noch nie oder nicht ausreichend tief erlebt. Sie kennen nicht die Liebe des Vaters. Und sie kennen auch nicht sein Vaterherz.

Es erscheint manchmal leichter, christlichen Programmen und Systemen zu folgen, als sich auf eine Herz-zu-Herz-Beziehung mit einem unsichtbaren Gott einzulassen. Die Offenbarung von der Vaterliebe Gottes ist mehr als eine Anhäufung von Fakten und Wissen. Man kann ihr nicht nur kopfmäßig billigend zustimmen. Das würde nicht ausreichen. Es geht ums Ganze, ums Herz. Wir können Gott als liebevollen Vater nur erleben, erfahren, ihm begegnen – von ganzem Herzen. Diese Liebe ist eine Begegnung von Herz zu Herz!

Das Herz ist ein zentraler biblischer Begriff. Es geht dabei um den Kern, das Zentrum unseres Lebens. Wie wir im Natürlichen den Herzmuskel als lebensbestimmendes Organ wahrnehmen, so gilt das auch in geistlicher Hinsicht. Im biblischen Menschenbild steht unser Herz für die Personenmitte. Für den Kern aus Fühlen, Wollen, Denken, Wissen, Gewissen, Entscheiden. Mein Herz steht für mein „Ich" – einzig-Art-Ich. Für das Kunstwerk (Art) meiner Persönlichkeit. Für meine Originalität.

Mir hilft der Gedanke, dass der Sohn den Vater repräsentiert: Jesus Christus ist das Vaterherz Gottes in Person. Er kam, um uns das Herz seines himmlischen Abbas zu offenbaren. Wer ihn sieht, sieht das Angesicht des Vaters. Wer ihn hört, hört den Herzschlag des Vaters. So bekommen wir Aufschluss und Anteil an allen Gefühlen und Gedanken, die in Gottes Herzen ablaufen. Wir können zwar nicht alles verstehen, aber wir werden mit hineingenommen. Der Vater will keine Geheimnisse mehr vor uns haben. Wir sind doch seine Freunde und Kinder, Miterben und Mitbewohner (Hausgenossen). Auch nach so vielen Jahren, die ich bereits in dieser herrlichen Offenbarung lebe, kann ich mein Glück kaum fassen! Ich darf Gottes Herz berühren, darf ihn als meinen besten Freund immer besser kennenlernen. Ich bin für ihn wertvoll und wichtig. Er nennt mich sein geliebtes Kind und vertrauter Freund.

Ich lerne auch mein eigenes Herz besser kennen und lieben. Denn ich soll und will meinen Gott von ganzem Herzen lieben und ihm nachfolgen. Dazu brauche ich mein ganzes, ungeteiltes Herz – also alle Bereiche meiner Person. Anders kann ich nicht in Kontakt treten mit diesem herrlichen Gott-Vater.

Für viele Teilnehmer unserer Seminare ist das der schwerste Teil: In Kontakt kommen mit dem eigenen Herzen. – Herz, wie geht es mir?

Viele von uns haben gelernt, perfekt zu funktionieren. Oder wir wurden gelehrt, uns selbst nicht so wichtig zu nehmen. Es geht um die „Sache Jesu" und nicht um Gefühlsduselei … So haben wir über lange Strecken wunderbar mitgemacht. Bis es nicht mehr geht. Bis mancher ausgebrannt, enttäuscht und resigniert auf der Strecke bleibt. Soll das schon alles gewesen sein? Wo bleibt denn da das Leben in Fülle, das uns Jesus verheißen hat? Wenn ich mein eigenes Herz nicht mal erreichen kann, wie soll ich da bitte schön das Herz eines unsichtbaren Gottes kennenlernen können?

Die gute Nachricht ist: Die Initiative geht immer vom Vater selbst aus. Wir schaffen es nicht allein. Und wir brauchen es auch nicht alleine zu machen. Wie uns Jesus in Lukas 15 erzählt, so sieht es auch in der Realität bei uns aus. Wir mögen uns verrannt haben oder gar bockig drauf sein; Abba-Vater wird uns immer entgegenkommen und genau dort abholen, wo wir momentan feststecken. Sei es in der Schweinerei der Welt oder draußen vor der Tür. Er macht den ersten Schritt und läuft uns entgegen. Er erobert unsere Herzen, egal in welchem Zustand sie sich befinden. Er schreckt nicht zurück vor Schmutz, Stolz, Bitterkeit oder Gleichgültigkeit.

Ich bin so dankbar, dass Jesu Christus gekommen ist und mir diese verborgene Seite Gottes, sein Vaterherz, geoffenbart hat. Zu lange habe ich einem ziemlich herzlosen Herr-Gott gedient. Ich habe Liebe mit Leistung verwechselt. Ich habe mich im religiösen Hamsterrad abgestrampelt, bis meine Lichter ausgingen, bis zum Burn-out.

Ich hatte Gott falsch verstanden. Und er wurde mir leider auch oftmals falsch vorgestellt. Dabei wollte Abba immer nur meine Herzensfreundschaft und nicht zuerst meinen Dienst und meine frommen Werke.

Jetzt kann ich seine Vater-Stimme besser hören:
„Alles, was mein ist, ist auch Dein, mein geliebtes Kind!
Komm herein! Willkommen im Vaterhaus!
Komm zu Hause an!
Lass uns zusammen die Liebe feiern und das Leben genießen!"

- Kannst Du mit Gott als liebenden Vater etwas anfangen? Wie geht es Dir dabei?
- Sicherlich hast auch Du Deine ganz persönliche Geschichte mit Lukas 15. – Mit welcher Person kannst Du Dich momentan am ehesten identifizieren?
- Versuche doch mal, Deine Beziehung zu Gott zu beschreiben – welche Eigenschaftsworte fallen Dir dazu ein?
- Was hast Du bereits vom Vaterherzen Gottes kennengelernt?
- Wie geht es Deinem eigenen Herzen zurzeit?

KAPITEL 4:

DAS „VATER-UNSER"-GEBET

Im Guinness-Buch der Weltrekorde steht das „Vater-Unser-Gebet" als das Stück Weltliteratur, welches die meisten Menschen auswendig aufsagen können. Wow, das ist schon beeindruckend! Also eigentlich hätten wir es dann ja wissen müssen: Dass Gott unser Vater im Himmel ist! Wie kann es nur sein, dass so viele Menschen dieses Gebet Jesu kennen, wohlmöglich sogar nachbeten, und dabei selbst nicht Vater-Gott in Person begegnen?!

Liegt es vielleicht daran, dass die Sprache zu mittelalterlich nach Luther-Deutsch klingt? „Vater Unser, der Du bist ..." – wer redet denn heute noch so?! Oder sind wir gegenüber diesen bekannten Worten Jesu geradezu immun geworden, weil wir sie schon viel zu oft gedankenlos heruntergebetet haben, ohne tiefer darüber nachzusinnen; ohne dass sie uns von Herzen kamen?! Für viele Christen sind sie einfach ein Stück kirchliche Liturgie. Sie gehören zu einem Gottesdienst dazu, so wie das Amen in der Kirche.

Erinnern wir uns bitte daran, wie alles begann ... Die Jünger hörten, wie ihr Meister Jesus zu seinem Vater im Himmel im Gebet sprach. Mal war es in Galiläa am Berg der Seligpreisungen (Matthäus 6) und mal auf dem Ölberg bei Jerusalem (Lukas

11). Das klang so anders als die stereotypen Gebetsfloskeln der Rabbiner und Pharisäer. Jesu Gebetsleben beeindruckte seine Freunde. Und warum? Ich denke nicht, dass sie über den Inhalt seines Gebetes besonders verwundert waren; vielmehr über die Anrede: mein Abba-Vater! So sprach bis dato niemand zu Jahwe-Gott! – Und auch über die kindlich-vertrauensvolle Liebesbeziehung, die darin zum Ausdruck kam.

Die Reaktion der Jünger war: „Meister, lehre uns bitte auch so zu beten, so wie Du!" – Und so kam es, dass Jesus sie lehrte. Dabei wollte er uns meines Erachtens keinesfalls ein striktes Korsett oder Formular aufzwängen, nach dem Motto: „Nur so geht das …!" Vielmehr gab er uns ein lebendiges Beispiel, an dem wir unser Gebetsleben orientieren können.

Mich fasziniert nach wie vor folgendes an diesem Gebet Jesu:

- Jesus nimmt uns mit hinein in seine Vater-Sohn-Beziehung. Alle dürfen „Abba" zu Gott sagen. Gott ist „sein Vater" und ab jetzt auch „Unser Vater"!

- Dieses Gebet spannt einen weiten Bogen. Alle Anliegen passen unter diesen Schirm des Höchsten: Versorgung, Führung, Schutz und Bewahrung. Da geht es um die großen Anliegen der Welt genauso wie um das tägliche Brot im kleinen Privaten.

- Über allem atmen diese Gebetsworte die majestätische Freiheit des Himmels. Wir sprechen zu einem großen Gott und Papa, dem alles möglich ist, weil er alle Macht im Himmel und auf der Erde besitzt!

Vielleicht geht es dem einen oder anderen Beter ja auch so, dass es beim Vater-Unser-Gebet „ein Schlagloch" gibt (zumindest in der herkömmlichen Version), über das man etwas stolpert und fast hineinfällt. Jedes Mal, wenn es an diese Stelle kommt: „Und führe uns nicht in Versuchung ...!", dann spüre ich dieses Schlagloch. Warum muss ich meinen Vater im Himmel überhaupt bitten, dass er mir ja nichts Böses antut – wie etwa mich auf Abwege zu führen?! Das klingt irgendwie schräg in meinen Ohren! Das passt doch gar nicht zu ihm! Zumal das Zeugnis der Bibel ganz klar darin ist, dass Gott uns niemals in Versuchung führt (Jakobus 1,13-14), sondern vielmehr durch die Versuchung hindurchführt (1. Korinther 10,13). So müsste (nach Meinung vieler Sprachforscher, in Anlehnung an das Aramäische) diese Stelle besser folgendermaßen übersetzt werden: „Und führe uns durch die Versuchung hindurch!" – Ja, das passt jetzt wirklich besser zu dem Abba-Vater, den uns Jesus Christus vor Augen stellt und den ich kennenlernen durfte. Ein Papa, der auf uns aufpasst und uns durch die dunklen Täler hindurchbegleitet. Er bewahrt uns nicht nur vor den bösen Zeiten, sondern auch in den bösen Zeiten!

Die Wirkungsgeschichte dieses Gebetes unseres Herrn ist enorm. Es wird auf der ganzen Welt, in allen Sprachen und Konfessionen, gebetet. Auf dem Ölberg in Jerusalem gibt es die sogenannte Pater-Noster-Kirche (die Vater-Unser-Kirche). Diese ist durch die Jahre ein ganz besonderer Ort der Nähe Gottes für mich geworden. Hier erlebe ich seine Präsenz besonders intensiv. Es ist wie eine Oase himmlischen Friedens mitten in der lauten, lärmenden Altstadt. Ich versuche jedes Mal, wenn ich in Israel bin, wenigstens einmal dort vorbeizuschauen. Über dem historischen Ort, ganz nah am Garten Gethsemane gelegen, an dem Jesus mit seinen Jüngern damals höchstwahrscheinlich Herberge fand und ihnen dort das Vater-Unser-Gebet lehrte, wurde Anfang des letzten Jahrhunderts eine Kirche gebaut. Hier findet sich das Gebet unseres Herrn in mehr als 150 Sprachen auf großen, gekachelten Tafeln niedergeschrieben.

Abba-Papa-Gebet statt Herr-Gott-Glaube. Relation statt Religion. Intime Gottesbeziehung statt dogmatischer Rechtgläubigkeit. Darauf läuft es hinaus! Der Sohn Gottes, der bereits in dieser einzigartigen Beziehung zu seinem himmlischen Vater-Gott lebt, öffnet die Tür zum Herzen seines Abbas, öffnet die Tür zum Vaterhaus für alle Kinder Gottes. Willkommen im Vaterhaus! Die innige Liebesinteraktion zwischen Vater und Sohn wird fortan zum Modell gelebter Gottesbeziehung. Unsere Haltung, unsere Sprache und Worte im Gebet, bekommen dadurch eine völlig andere Gewichtung. Beim Beten geht es weniger um die richtigen Worte als vielmehr um die rechte Herzenshaltung und Beziehung.

Ich will damit nicht sagen, dass es unwichtig ist, was und mit welchen Worten wir in unseren Gebeten zu Gott reden. Aber manchmal scheinen mir wohlfeile Ausdrücke und geschliffene Redewendungen fehl am Platz. „Plappern wie die Heiden", nennt das Jesus. Er legt den Finger auf die Wunde und fordert uns auf, nicht wie „scheinheilige Pharisäer" daherzukommen.

Jesus betont, es kommt vielmehr auf das Wie unserer Herzen an!
Das Vater-Unser-Gebet ist ein Gebet nach dem Herzen Gottes. Es ermutigt uns, in der herrlichen Freiheit der Kinder Gottes mit unserem Papa über alles zu reden. Mach aus allem ein Gebet! Das ist die Grundmelodie. Komm so wie Du bist, offenherzig und kindlich vertrauensvoll, zu Deinem himmlischen Vater!

Lebe Gebet, atme Gebet, sei mit Deiner ganzen Existenz ein gelebtes Gebet!

Unser Vater weiß, wie wir es meinen und selbst was wir meinen. Er weiß alles, bevor wir es ihm sagen können. Denn er ist der Herzenskenner. Beten ist Reden mit Gott und Hören. So wird das Gebet zu einem Gespräch, Dialog, liebender Kommunikation zwischen dem Vater und seinen Kindern. Das ist weitaus mehr als das Ableisten frommer Pflichten und Rituale. In allen Religionen wird „irgendwie gebetet". Mit Gebetsmühlen, Opfern auf Altären, Singsang und kultischen Handlungen. Das ist eine fatale Sackgasse. Wie weit davon entfernt ist das, was Jesus hier mit seinen Freunden teilt. Weil wir einen lebendigen Gott und Vater haben, können wir unsere Herzen vor ihm ausschütten. Wir brauchen nicht mehr ganz besonders heilige Orte, Zeiten, Gewänder, Vermittler, Praktiken – und auch keine speziellen magischen Zauberwörter, mit denen wir die unsichtbare Welt erreichen. Wir teilen ihm unsere Herzenswünsche mit und Vater-Gott sagt uns, was ihm am Herzen liegt.

Gerade in puncto Gebet „entzaubert" der Meister die falschen Vorstellungen, Praktiken und Gottesbilder religiöser Leute. Unser Gebetsleben wird zum Lackmus-Test. Denn es gibt Menschen, die in ihrem Leben beten – das heißt, hier und da ein paar Gebete sprechen, so auch hin und wieder das Unser-Vater-Gebet.

Und es gibt Menschen, die in ihren Gebeten leben – das heißt, für die das ständige Reden mit Gott zu einem Lebensstil geworden ist. Die ersten Christen sahen sich selbst so an. Sie bezeichnet sich als die, „die an jedem Ort den Namen des Herrn anrufen" (1. Korinther 1,2) – mit anderen Worten: die Leute, die überall mit dem Vater sprechen können!

Wenn ich rückblickend meinen eigenen Weg betrachte, den ich in puncto Gebetsleben gegangen bin, da ist es schon eine weite Strecke, die ich zurückgelegt habe. Meine ersten Jahre als Christ sahen eher steif und förmlich aus. Ich versuchte, alles richtig zu machen. Auch beim Beten. In Gebetsversammlungen legte ich mir im Kopf die passenden Worte zurecht und war dann riesig enttäuscht, wenn jemand schneller war als ich und das Betreffende vorher schon aussprach, bevor ich drankam. Auch in meiner Stillen Zeit war ich zwanghaft darum bemüht, ja auch an alle Punkte in der Fürbitte zu denken.

Vor einiger Zeit fragte mich ein christlicher Reporter, wie viele Stunden am Tag ich im Gebet verbringen würde. Ohne groß zu überlegen, antwortete ich: „24 Stunden!" – Ups! Natürlich, bete (spreche) ich auch ganz bewusst, meistens allein, zu Gott – mal kürzer und mal länger. Das verstehen wir normalerweise unter Gebet. Aber durch die Liebe und Freundschaft zu Abba ist mein ganzes Leben, mein normaler Alltag, zu einer ständigen Zwiesprache mit ihm geworden. Ich rede ständig mit ihm und er mit mir; über alles, was uns auf dem Weg begegnet. Und selbst wenn wir schweigen, gehen wir immer noch nebeneinander und spüren die Nähe des anderen.

Ich glaube, nichts anderes wollte uns Jesus erklären, als er uns das Gebet zu seinem wunderbaren Vater lehrte: Mach aus allem ein Gespräch mit Abba – setzte alles mit ihm in Beziehung!

- Darf ich nachfragen, wie es bei Dir ausschaut? Ist Gebet für Dich eine lebendige Angelegenheit, Ausdruck Deines geistlichen Lebens? Eher Lust oder eher Frust?
- Wie fügt sich das Vater-Unser-Gebet in Deinen Alltagsglauben ein? Welche Hilfestellungen hast Du daraus für Dich gezogen?
- Wann, wo und wie betest Du am liebsten?

- Was hilft Dir dabei und was findest Du eher hin-
  derlich?
- Wenn Du jemandem, dem Gott noch nie begegnet ist, beschreiben solltest, was und wie Gebet ist,
  was würdest Du dann sagen?

Bei Abba-Vater komme ich nach Hause und finde das Leben.
Und Gebet ist die Musik dieser neuen Lebensweise.

KAPITEL 5:

JESU ART DER VERKÜNDIGUNG

Die Bibel wird zwar Gottes Wort genannt, aber eigentlich ist sie mehr ein Bilderbuch. In erzählender Form gibt sie uns Bericht über tief greifende theologische Aussagen wie die Schöpfung, den Fall des sündigen Menschen, Gottes Rettungsplan und seine Geschichte mit der Menschheit, insbesondere mit seinem Volk Israel und der Gemeinde. Dabei bedient sich Gott eines zeitlosen Sprachschatzes von Gleichnissen, Metaphern, Symbolen und typologischen Lebensbildern. Noch Tausende Jahre später, über alle Grenzen von Kulturen und Generationen hinweg, soll dieses lebendige Buch Zeugnis ablegen von der Größe und Liebe Gottes, unseres himmlischen Vaters.

Ursprünglich wurde der größte Teil der Bibel, das Alte Testament, in hebräischer Sprache verfasst. Das Neue Testament wurde zwar auf Griechisch niedergeschrieben, aber überwiegend von Schreibern, deren Muttersprache ebenfalls Hebräisch war. Sie schrieben griechisch, dachten aber hebräisch. Wir sehen, die hebräische Sprache muss bei Gott eine wichtige Rolle spielen. Sonst hätte er sie nicht auserwählt für seinen großen Plan. Durch ein Buch, an dem Hunderte Schreiber in einem Zeitraum von Hunderten Jahren mitschreiben, will er sich den Menschenkindern zu erkennen geben und persönlich vorstellen.

Was ist nun die Eigenart dieser alten, semitischen Sprache? – Sie ist in vielfacher Hinsicht sehr bemerkenswert. Das Hebräische ist eine sehr bildreiche Sprache. Sie kennt keine abstrakten Wörter. Sie denkt und fühlt, wie Kinder es tun. Alles wird personal gesehen und steht in praxisorientierten Beziehungen. Beziehungsworte herrschen vor und überstrahlen den Bereich der Sachwörter. Das Hebräische denkt in Verben und empfindet in Wurzeln von Worten, die sich weitläufig verästeln und verzweigen. So hat ein Wort meistens mehrere Bedeutungen und kann vielschichtig gebraucht werden, je nach Situation und atmosphärischer Einschätzung. Diese Sprache eignet sich besser für das Darstellen von Emotionen und kognitiven Wahrnehmungen als für Definitionen und philosophische Abhandlungen zu intellektuellen Themen.

Hinzu kommt noch die ganze Welt orientalischer Erzählkünste. Die Semiten waren und sind dafür bekannt, in bunten, anschaulichen Bildergeschichten tiefe Lebensweisheiten einprägsam zu formulieren (man denke nur an die Weisheitssprüche Salomos oder im säkularen Bereich an die legendären Erzählungen aus „Tausendundeiner Nacht").

Jesus Christus wird uns als das fleischgewordene Wort, das lebendige Wort Gottes, vorgestellt. Wie wir bereits sahen, war diese Aussage als Korrektiv für die fehlgeleiteten Gnostiker gemeint – aber ich sehe darin auch noch einen weiteren Hinweis. Der Sohn Gottes ist nicht nur ein Gesandter mit einer Botschaft aus der neuen Welt Gottes. Sein ganzes Leben ist Teil der Botschaft. Er lebt die Worte seines Vaters aus. Er ist selbst das lebendige Beispiel und der Prototyp. Er erzählt nicht nur meisterhaft Parabeln und Kurzgeschichten; sein eigenes Leben ist geprägt von einem prophetisch-zeichenhaften Lebensstil. Alles, was er ist, was er macht und was er spricht, stellt eine tiefe geistliche Einheit dar. Es ist quasi das dreifache Zeugnis („alles soll auf zweier oder dreier Zeugen Aussage beruhen" – nach biblischer Sicht bestärkt dies die Glaubwürdigkeit eines Zeugen).

Wie Jesus geboren wird, wie er aufwächst und wie er als erwachsener Mann seinen Weg geht – dies alles ist ein anschauliches Gleichnis. Er lebt als Zeichen und Wunder mitten unter uns. Er predigt nicht nur eine Botschaft, er lebt die Botschaft! Worte und Taten sind bei ihm deckungsgleich. Sein Jüngerschaftsprinzip lautet: „Komm und sieh, erlebe es selbst!" (Johannes 1,39)

Sein Alltagsleben predigt mindestens genauso stark wie seine humorvoll gewürzten Verkündigungen; mal öffentlich unter freiem Himmel, mal im Tempel und dann wieder in Privathäusern. Seine Passion, sein Leidensweg bis ans Kreuz und in den Tod sind solch eindrucksvolle, bildhafte Botschaften. Ebenso das leere Grab am Ostermorgen und seine Auferstehung. Künstler werden Jahrhunderte lang Abertausende von Bildern zu diesen Themen malen und musikalische Meisterwerke komponieren; es wird das gesamte Kunst-Kultur-Erbe des Abendlandes über Jahrhunderte prägen. Nie wieder wird das Leben eines einzelnen Menschen solchen Einfluss auf Kunst, Kultur und Geschichte ausüben wie das Leben Jesu, des einzigartigen Sohnes Gottes.

Gottes Wort wurde Fleisch und wohnte unter uns! Wir sahen, hörten, betasteten, berührten, umarmten seine Herrlichkeit. Wir hielten sie fest in unseren Armen; wir küssten seine Füße und reichten ihm die Hand. Der Ewige Geist wird Mensch in Zeit und Raum. Näher kann uns Gott nicht kommen. Er wird wie unsereiner. Ein menschliches Wesen aus Fleisch und Blut. Zerbrechlich und klein, schwach und vergänglich. Wörtlich steht im Prolog des Johannesevangeliums: Gottes Wort wurde Fleisch (also: Mensch) und wohnte (wörtlich: zeltete) unter uns. Damit wird ein Hinweis auf das Zelt Gottes, die Stiftshütte, gegeben. Nach dem Verlust des Garten Edens wird uns im ersten Buch Mose berichtet, wie Gottes Rettungsplan aussieht. Gott zeigt es seinem Freund Mose am Sinai. Gott würde einen Neustart mit den Menschen, seinem Volk, wagen. Er würde herabsteigen und mitten unter seinen Kindern wohnen. In dem Zelt der Begegnung, der Stiftshütte.

Ich kenne eine ganze Reihe von esoterischen Zeitgenossen, die ganz scharf darauf sind, zu erfahren, wo die unsichtbaren Kraftlinien verlaufen und wo sich energiegeladene Hotspots verbergen. Sie würden eine Menge Geld bezahlen und kein Weg wäre ihnen zu weit, dorthin zu gelangen, wo der Himmel die Erde berührt. Diese Kraftorte, Kontaktpunkte zwischen Materiellem und Geistesraum, sind heiß begehrt. Denn dort muss der Himmel los sein und dort muss das wahre Leben zu finden sein. Von den ägyptischen Pyramiden über Tikal bis hin zu Stonehenge: Die Menschen suchen immer noch nach solchen „heiligen Orten". Die Theorie lautet: Gott oder das Göttliche muss an heiligen Orten, zu heiligen Zeiten, von heiligen Menschen, durch heilige Praktiken zu finden und zu erreichen sein.

Wie wir noch sehen werden, gab es selbst im Volk Israel eine gewisse Tendenz in dieser Richtung. Die Stiftshütte und später der Tempel waren solche göttlichen Begegnungsorte für Israel. Noch heute glauben bestimmte jüdisch-orthodoxe Gruppierungen, dass der Messias Gottes dann kommt, wenn man nur den Tempel in Jerusalem wiederaufbaut.

Doch unser Gott und Vater wollte von Anfang an in einem Zelt wohnen, wie wir in den folgenden Kapiteln sehen werden. Das ist ein Bild für Beweglichkeit und Dynamik, für Aufbruch und ständige Veränderung. Er wollte nicht hinter starren Mauern eines Gotteshauses gefangen sein. Der christliche Glaube ist kein dogmatischer Standpunkt, sondern ein Glaubensweg mit vielen dynamischen Schritten. Das Wort Gottes ist kein toter Buchstabe, sondern Geist und Leben, wird Mensch und Person. Gott kommt in „analoger Form" zur Welt, als Baby im Stall und Zimmermann aus Nazareth. Gottes Herrlichkeit ruht, wohnt, zeltet auf ihm.

- Welches der Bildworte (Gleichnisse) Jesu aus dem Neuen Testament spricht Dich besonders an?
- Die Lebensbilder der Bibel sind in gewisser Weise auch beispielhaft. Wenn Du Dich mit einer Person aus der Bibel identifizieren würdest, wer wäre das dann? Und warum gerade er oder sie?
- Gibt es bildhafte Worte in Deiner Muttersprache, die sehr gut ausdrücken, was der Inbegriff wahren Lebens für Dich bedeutet?
- Falls Du mehrere Sprachen sprechen kannst: Welche Unterschiede fallen Dir zwischen den jeweiligen Sprachen auf?

Nun nähern wir uns dem Kern dieses Buches:

Willkommen im Vaterhaus! Bei Abba-Vater zu Hause ankommen – denn dort finde ich das Leben!

Aber dafür war es nötig, den ganzen Weg bis hierher mitzugehen. Wir müssen verstehen, dass Jesus in seine Abschiedsworte eine große Dringlichkeit und schwerpunktmäßige Betonung hineingelegt hat. Ihm ging es immer um seine einzigartige Beziehung zu Abba-Vater. In diese Vater-Beziehung wollte und will er alle Gotteskinder mit hineinnehmen. Sein Vater ist jetzt auch Unser-Vater. Bildlich-gleichnishaft spricht der Meistererzähler von dieser Wirklichkeit des wahren Lebens mit Gott!

TEIL II

DIE WAHRHEIT

Es gibt Einsichten, die prägen unser Leben entscheidend.
Manche Entdeckung hat das Potenzial, alles in
einem neuen Licht erstrahlen zu lassen.
Die göttliche Wahrheit, die sich hier entfaltet, hat
mein Leben – und auch das Leben vieler anderer –
revolutioniert und völlig neu formatiert.
Diese Wahrheit ist wie eine Weichenstellung, nach
der unser Lebensweg eine neue Orientierung und
Ausrichtung bekommt.

KAPITEL 6:

DER TEMPEL

Für die folgenden Kapitel brauchst Du ein bisschen Geduld und Durchhaltevermögen. Die „Praktologen" unter uns mögen manches ein wenig sehr theologisch oder theoretisch finden. „Bibel-Tiefgänger" hingegen werden ihre wahre Freude daran haben. Aber ich versichere Dir, die biblische Offenbarung, mit der Du es jetzt zu tun bekommst, ist so gewaltig und schön, dass es sich lohnt, dranzubleiben. Sie hat mein Leben absolut bereichert und nachhaltig zum Positiven verändert. Und nicht nur meines, sondern auch das Leben von sehr vielen anderen, mit denen ich diese herrliche Wahrheit bisher teilen durfte – und nun teile ich sie gerne mit Dir!

DIE BIBEL: EIN BUCH UND EINE WAHRHEIT

Mir begegnen eine Menge Christen, die sehr wenig mit dem Alten Testament anfangen können. Viele denken sogar, dass es nur auf das Neue Testament ankäme. Mir sagte mal jemand: „Ich glaube, Gott hat sich zwischen Altem und Neuem Testament irgendwie verändert – ja, fast ‚bekehrt', könnte man meinen: Im Alten Testament ist er der gruselige Richtergott, hart und unnachgiebig ... und dann im Neuen Testament erscheint er auf einmal als der liebe Papi, der uns alle gerne hat!" – Dabei wird völlig übersehen, dass wir nur *ein* Buch Gottes haben.

Das Alte Testament ist quasi die Bibel Jesu. Den Emmaus-Jüngern (Lukas 24,26-27) erklärte der Meister anhand des Alten Testamentes, was über ihn darin geschrieben steht. Mit anderen Worten: Im ganzen Alten Testament ist bereits im Verborgenen die Rede von Jesus, unserem Retter, dem Sohn Gottes. Davon, dass er kommen wird. Das Neue Testament berichtet dann, wie er gekommen ist und dass er wiederkommen wird.

Vielleicht brauchen wir etwas Nachhilfe von Jesus und noch etwas mehr göttliche Inspiration und Offenbarung durch den Heiligen Geist, um zu erkennen: Die ganze Bibel hat eigentlich nur ein Thema – und das ist: Jesus. Jesus ist die Verkörperung der großen Liebe Gottes. Er ist das Vaterherz Gottes in Person. Gottes Wort spricht davon, wie der Vater diese Liebe künftig in Jesus offenbaren wird (AT) und schließlich im Sohn auch offenbart hat (NT). Der wunderbare Heilsplan Gottes ist eine Fortsetzungsgeschichte. Das eine ohne das andere wäre unvollständig. Nun sind bestimmte Begriffe, die wir im Alten Testament vorfinden, für uns heutige Menschen nicht ohne Weiteres verständlich und zugänglich. Wir brauchen wirklich in vielen Bereichen Erklärungen. Aber gerade im digitalen Zeitalter mit all den neuen Medien und weitreichenden Möglichkeiten dürfte es uns gar nicht so schwerfallen, Zugänge zu den verborgenen, alten Schätzen zu finden. Es lohnt sich absolut, da etwas tiefer zu graben. Das will ich gerne zusammen mit Dir tun!

- Wie geht es Dir mit dem Gottesbild im Alten Testament? Wo bleibst Du hängen und kannst Gott nicht verstehen? Was ist Dir fremd?

- Welche Bibelstellen im Alten Testament klingen für Dich eher vertraut und liegen auf einer Linie mit Deinen Entdeckungen über die Liebe Gottes, wie sie sich in Jesus offenbart hat?

Lass uns bitte jetzt unsere Aufmerksamkeit dem Tempel zuwenden.

Auf den ersten Blick vermuten wir nicht sofort eine tiefer gehende Wahrheit dahinter. Aber wir werden im Folgenden noch sehen, wie der Tempel ein ganz zentrales Puzzleteil im großen Bild unseres Gottes darstellt. Der Tempel ist mehr als ein Gebäude. Er ist Inbegriff für eine ganz bestimmte Sehnsucht und göttliche Realität. Je tiefer wir in dieses Thema eindringen, desto mehr werden wir erkennen, was Gottes Herz bewegt.

WAS GOTTES HERZ BEWEGT

Wie ein roter Faden durchzieht ein Schrei aus dem Herzen Gottes die ganze Bibel: Gott will bei uns wohnen und wir werden in Liebe mit ihm eins sein.

„Und ich werde meine Wohnung in eure Mitte setzen (…) und ich werde in eurer Mitte leben und werde euer Gott sein, und ihr werdet mein Volk sein."
3. MOSE 26,11-12

„Und meine Wohnung wird über ihnen sein, und ich werde ihnen zum Gott und sie werden mir zum Volk sein."
HESEKIEL 37,27

„Ich will unter ihnen wohnen und wandeln, und ich werde ihr Gott sein, und sie werden mein Volk sein (…) und ich werde euch

48

annehmen und werde euch Vater sein, und ihr werdet mir Söhne
und Töchter sein, spricht der Herr, der Allmächtige."
2. KORINTHER 6,16.18

„Siehe, das Zelt Gottes bei den Menschen! Und er wird bei ihnen
wohnen (zelten), und sie werden sein Volk sein, und Gott selbst
wird bei ihnen sein, ihr Gott."
OFFENBARUNG 21,3

Die Geschichte Gottes mit uns Menschen beginnt in einem Garten. Der Vater schafft ein Zuhause für seine Menschenkinder.
Paradies ist ein Symbolwort für uns geworden, um einen Hauch
dieser Atmosphäre des Himmels auf Erden zu beschreiben. Gott
und Mensch sind vereint zusammen in einer liebevollen Lebens-
gemeinschaft. Der Mensch hört und sieht Gott, seinen Schöp-
fer-Vater. Er lebt mit ihm zusammen ohne trennende Begren-
zungen. Das klingt fantastisch, märchenhaft. Hier hören wir den
Herzschlag Gottes pur. Gott wohnt bei seinen Kindern. Das ist
der ursprüngliche Plan gewesen.

Was dann folgt, jenseits von Eden, ist die absolute Katastrophe
für beide Seiten. Die Sünde des Menschen bringt Zerstörung,
Krankheit, Herzeleid und Tod hervor. Die zerbrochene Gemeinschaft mit dem Ewig-Vater macht uns Menschen zu verwaisten,
heimatlosen Sklaven der Finsternis. Fortan wird die Menschheit
auf der Suche sein nach dem verloren gegangenen Zuhause.
Wir kennen aus eigener Erfahrung die Schmerzen und Qualen
der Seele, die mit diesem Verlust einhergehen. Aber kennen wir
auch den Schmerz des Vaters?! Nicht nur *unsere* Heimat wurde
zerstört durch den Sündenfall, sondern auch Gott wurde seiner
Freude und Familie beraubt durch den Bösen. Dem Vater fehlen

seine Kinder. Er fühlt ihre Schmerzen. Er leidet mit ihnen unter der Trennung.

Allein Vater-Gott wusste, wie lange diese Zeit der Trennung dauern würde. Er hatte die totale Vernichtung der Menschenkinder verhindern können, um einen sehr hohen Preis. Jetzt werden sie ihn nicht mehr sehen, hören und fühlen. Jetzt werden sie in zwei voneinander getrennten Lebensräumen existieren. Für eine sehr, sehr lange Zeit. Aber Gott hat einen Ausweg. Er hat einen genialen Rettungsplan ersonnen. Er hält Ausschau unter den rebellischen Waisenkindern, ob er noch einen findet, der ihm bedingungslos vertraut.

Ja, da gibt es noch ein paar Kinder: Noah, Henoch und vor allem Abraham, die mit ihm gehen, die ihm ihr Vertrauen schenken. Und so wird ein neues Kapitel aufgeschlagen. Gott findet immer wieder einen Freund, der ihm vertraut. Das genügt, um anzuknüpfen und den Himmel ein Stück näher zu bringen. Gott erwählt sich ein Volk, sein Volk: Israel. Die kleinste Nation von allen. Es kommt zu einzelnen besonderen Begegnungen und Berührungspunkten. Wie etwa Jakobs Traum von der Himmelsleiter in Beth-El (1. Mose 28), was so viel bedeutet wie „Haus Gottes". Auch das ist wieder ein Hinweis darauf, wie sehr sich Gott danach sehnt, dass seine Kinder nach Hause kommen. Die Israeliten bekennen mit den Worten: „Ein umherirrender Aramäer war mein Vater ..." (5. Mose 26,3) ihre innere und äußere Heimatlosigkeit. Schließlich landen sie auf dem Tiefpunkt in Ägypten, im Haus der Sklaverei. Das wird zum Wendepunkt. Gott kommt und offenbart Mose seine wahre Identität und sein Herz: „Ich bin Jahwe!" Sehr lange Zeit dachte man, dieser Gottesname bedeute: „Ich bin, der ich bin". Aber heute weiß man, dass die Wurzel dieses Wortes dem Wortstamm *haj* (dem hebräischen Wort für Leben) entspringt. So müssen wir besser den

Gottesnamen übersetzen mit: Ich lebe für Dich – Ich bin mit meinen ganzen Leben für Dich da! – Was so viel bedeutet: Ich bin Dein Vater, Dein Schutz und Versorger, Dein Zuhause und Dein bester Freund, Dein Ein und Alles! Ich bin Dein wahres Leben!

Der Exodus, der Auszug aus Ägypten, wird zum einschneidenden Gotteserlebnis für Israel. Das Volk erlebt das rettende und fürsorgende Eingreifen seines Gottes auf machtvolle Art und Weise. Eine Kultur des Erinnerns wird etabliert. Niemals sollen sie vergessen, was damals geschehen ist. Wenn wir genau hinschauen, können wir bereits darauf den Schatten des Kreuzes Jesu erkennen. Israel wird übernatürlich durch Gottes Eingreifen (die zehn Plagen, das Blut der Passalämmer, Durchzug durchs Rote Meer) aus dem Land der Sklaverei befreit. So wird uns Jesus Christus, unser Osterlamm, von der Sklaverei der Macht der Sünde befreien, durch seinen Opfertod am Kreuz. Gott macht Wege, wo keine Wege sind. Er ist unser Retter und Befreier. Das kann Israel bezeugen nach dem Auszug aus Ägypten und 40 Jahren Wüstenwanderung. Und das können wir als Christen bezeugen nach dem Wunder von Golgatha und dem Ostermorgen. So ist es kein Zufall, dass das jüdische Passafest und das christliche Osterfest zeitgleich stattfinden. Der Vater hat den Weg frei gemacht, dass wir nach Hause kommen können!

- Gibt es eine Begebenheit aus der Geschichte Israels, die Dich besonders anspricht und Dir zum Segen geworden ist? Welche Parallele zu Deinem eigenen Erleben hast Du darin gefunden?

DIE STIFTSHÜTTE

Im 2. Buch Mose Kapitel 25 bis 31 finden wir eine exakte Beschreibung von der Stiftshütte, dem Zelt der Begegnung (lateinisch: *tabernaculum*). Was verbirgt sich dahinter? – Als Mose auf dem Berg Sinai war, kam ihm Gott ganz nahe. Wir lesen von erstaunlichen Phänomenen. Gottes Präsenz kam in Form einer Herrlichkeitswolke *(shekina)* sichtbar, spürbar, erfahrbar hinein in unsere Dimension. Diese Form der Nähe Gottes hatte Israel bisher noch nicht miterlebt. Nach 40 Tagen in der Herrlichkeitswolke strahlte Moses Angesicht so stark, dass man sein Gesicht mit einer Decke verhüllen musste. Wir erfahren, dass die 70 Ältesten mit Mose in diese Wolke hineingingen und dort „aßen und tranken", also Tischgemeinschaft mit Gott hielten (2. Mose 24,11). Die orientalische Gastfreundschaft ist ein ganz intensiver Ausdruck von Gemeinschaft.

Und dann spricht Jahwe weiter:

> *„Und sie sollen mir ein Heiligtum machen, damit ich in ihrer Mitte wohne. Nach allem, was ich dir zeige, nämlich dem Urbild der Wohnung und dem Urbild all ihrer Geräte, danach sollt ihr es machen!"*
> 2. MOSE 25,8-9

Ich finde, das ist sehr bemerkenswert! Gott zeigt Mose ein „Urbild" – quasi Prototyp und Modell aus dem Himmel – der Wohnung, die das Volk für ihn bauen soll, damit er dort wieder mit seinen Kindern zusammenleben kann. Und diese Wohnung ist ein Zelt. Ein Zelt für Begegnung, Gemeinschaft, Freundschaft. In einer Vision erhält Mose alle wichtigen Detail-Informationen über Maßeinheiten, Farben, Formen und Materialien, aus denen dieses Heiligtum gefertigt werden soll. Dazu werden ihm noch die Künstler bekannt gegeben, die Gott sich für den Bau erwählt und auf besondere Weise mit seinen Geist inspiriert und ausstattet (2. Mose 31). Wie im Himmel, so auf Erden. Mit Gottes Wohnung wird ein Stück von seiner neuer Welt in die sichtbare materielle Wirklichkeit transportiert. Auf diesem Zelt wird sich, sichtbar für alle Menschen, für Israel und auch für die Nationen ringsumher, die Salbung der Nähe Gottes lagern – am Tag in Form einer Wolkensäule und in der Dunkelheit der Nacht in Form einer Feuersäule. Dieses Ausrufezeichen war 40 Jahre lang in der Wüste täglich gegenwärtig.

Mit der Stiftshütte verändert sich aber leider auch der Gottesdienst des Volkes Gottes drastisch. Künftig gibt es den reglementierten Dienst von Priestern (Leviten), die für Opferhandlungen und andere kultische Rituale zuständig sind. Ein ganzes Bündel von religiösen Verordnungen, Geboten und Verboten tritt in Kraft. Alles wird genauestens bestimmt und festgelegt. Was anfänglich nur wie eine Art Hausordnung aussieht, entpuppt sich zusehends als Gesetzbuch. Der Vater führt den Kindern plastisch vor Augen, wie es aussieht, wenn sie Religion nach Vorschrift spielen. Er zeigt ihnen, wie hoch der Preis ist: Tiere müssen sterben; Rituale und Vorschriften müssen befolgt werden. Aber Gott wollte und will mehr! Er will echtes Leben und Beziehung!

DER VORHOF

Das Modell der Wohnung Gottes, die Stiftshütte, bestand aus drei Teilen: Vorhof, Heiligtum, Allerheiligstes. Das Äußere des Vorhofs war umgeben von einem geschlossenen Schutzzaun. 60 vergoldete Holzsäulen wurden im Rechteck in gleichmäßigen Abständen aufgestellt. Dazwischen wurden an dünnen Silberstangen weiße Leinentuchbahnen in die Zwischenräume gespannt. Gold steht für die Herrlichkeit Gottes, Silber für Erlösung und Holz für Vergänglichkeit.

Es gab nur einen Eingang zum Vorhof. Der befand sich im Osten, also in Richtung Sonnenaufgang, und bestand ebenfalls aus gewebtem Tuchstoff in vier Farben: Weiß, Purpurblau, Purpurrot und Karmesinrot. Wer also zum Zelt der Begegnung wollte, konnte nur durch diesen einen Vorhang Einlass finden. Mir ist es wichtig, dass wir verstehen, dass zu jedem alttestamentlichen Urbild jeweils eine neutestamentliche Entsprechung in Jesus passt. So nennt sich Jesus selbst die Tür (Johannes 10,9). Niemand kann ohne ihn in die Gemeinschaft mit Gott hineingelangen. Er ist der einzige Zugang.

Nichts in der Stiftshütte ist rein zufällig. Alles an diesem Ort hat eine allegorisch-prophetisch-symbolhafte Tiefendimension. In jedem Detail steckt ein Hinweis auf eine dahinterliegende, noch tiefer gehende Realität. Zum Beispiel die vier Farben des Vorhangs: Weiß steht für Reinheit. Purpurrot bedeutet Königswürde. Purpurblau weist hin auf die himmlische Majestät. Karmesinrot erinnert an das Opferblut. Wenn jemand das Heiligtum betrat, sollte er von Anbeginn in allem eine Bilder-Predigt mit allen Sinnen erleben. Diese vier Farben treffen ebenso perfekt auf Jesus zu: Er ist das reine Opferlamm, aber auch der König der Könige.

In der Mitte des Vorhofs befand sich der große Brandopferaltar. Er bestand aus Kupfererz, einem sehr brennfesten Material. Hier wurden täglich zahlreiche Tieropfer gebracht. Hinter dem Opferritus steckte Gottes pädagogische Absicht. Er nannte seinen Kindern den Preis für die Sünde. „Du hast gelogen, dafür muss eine Turteltaube sterben." – „Du hast gestohlen, dafür muss ein

Schaf geopfert werden." – „Du hast jemanden getötet und die Ehe gebrochen, dafür muss eine Kuh mit dem Leben bezahlen." Alles hat seine Konsequenzen und seinen Preis. Im Blut ist das Leben. Das Blut der Tiere steht für die Stellvertretung. Nicht wir Menschen müssen sterben als Folge unserer Schuld. Aber das Blut von Tieren fließt, um uns zu zeigen, wie kostspielig Sünde ist. So wurde der Brandopferaltar zum Schlachthof Israels. Die Leviten sollten zum Schlachten weiße Leinenkleider anziehen. Das macht natürlich nur Sinn, wenn wir dahinter Gottes erzieherische Gedanken sehen. Er mahnt uns: „Merkt ihr es denn nicht?! Selbst wenn ihr wüsstet, wie viel ihr für eure Schuld bezahlen müsst: Ihr werdet es niemals aus eigener Kraft schaffen. Es ist eine unmögliche Sisyphusarbeit. Ihr braucht ein anderes Opfer, das euch ein für alle Mal von der Macht eurer Sünde freikauft!"

Zwischen Brandopferaltar und dem Zelt befand sich dann noch im Vorhof das kupferne Waschbecken. Das war ein großes Bassin, mit frischem Quellwasser gefüllt. Aus diesem Becken entnahmen die Priester Wasser, um sich zu erfrischen, zu waschen und für den Dienst zu reinigen. Ich stelle mir das sehr glitzernd vor. Unter der heißen Wüstensonne muss das Wasser auf dem Kupferhintergrund die Lichtstrahlen herrlich reflektiert haben.

DAS HEILIGTUM

Der zweite Teil der Stiftshütte befand sich im Verborgenen der Zeltkonstruktion. Wir verlassen jetzt den Freiluftbereich des Vorhofs und betreten das Heiligtum. Das Zelt der Begegnung bestand aus transportablen Wänden – alles vergoldete Holzbretter, die durch eine spezielle Steckweise leicht zusammen- und auch wieder auseinandergebaut werden konnten. Bedeckt wurde dieser Bau durch eine vierlagige Dachkonstruktion, bestehend aus sehr großen Deckenplanen aus Tierfellen, die über das Haus gespannt wurden. Sie verliehen dem Gebäude den Zeltcharakter. Der Eingang bestand aus fünf einzelnen Säulen, dahinter ein weiterer Vorhang, der in den größeren Raum des Heiligtums führte. Zwei Drittel der Grundfläche des Zeltes nahm das Heiligtum ein.

In diesen ersten Innenraum durften nur die Priester gehen. Es muss eine herrliche Atmosphäre geherrscht haben. Die einzige Lichtquelle war ein riesiger siebenarmiger Leuchter, die Menora. Sieben steht für die Zahl der Vollkommenheit. Sie setzt sich zusammen aus drei plus vier: Drei steht für unseren Gott. Israel wusste zunächst nicht, warum sie dreimal „heilig" rufen. Wir kennen den dreieinen Gott und lieben ihn. Vier ist die Zahl der Menschen. Die vier Himmelsrichtungen zeugen von der Ausbreitung der Menschenkinder. Damit ist die Sieben die Zahl der Vollkommenheit: Wo der dreieine Gott und die Menschen aus allen vier Richtungen zusammenkommen, da soll Fülle in Vollkommenheit sein. Die sieben Öllampenlichter funkelten und spiegelten sich an den Wänden aus reinem Gold. Muss das schön ausgesehen haben! Das Öl und das Feuer erinnern an den Heiligen Geist. Ich muss schmunzeln, denn für viele Leute steht die Menora synonym für Israel. Tatsächlich hat sich das Volk Israel die Menora als eines seiner wichtigsten Wahrzeichen erwählt. Vor der Knesset in Jerusalem steht eine große Nachbildung. Aber biblisch gesehen ist die Menora ein Ausdruck für die Fülle des Heiligen Geistes (Jesaja 11,2). *Ruach* – Wind, Geist, Lebensatem ... ist im Hebräischen ein feminines Wort. (Wir müssten im Deutschen korrekterweise sagen: *Die* Heilige Geist.) In der Dreieinigkeit Gottes ist Platz für das Feminine. Schließlich sind wir Menschenkinder nach Gottes Ebenbild geschaffen, als Mann und Frau. Beides – das Maskuline und das Feminine – entstammt seinem Wesen. Zusammen sind wir ganz der Papa!

Draußen im Vorhof herrschte ein lautes Durcheinander von Tier und Menschen, aber hier im Inneren war Ruhe. Daneben gab es noch einen Tisch mit Schaubroten und Wein. Sie sollten das Volk Gottes daran erinnern, dass Gott und Mensch an einem Tisch vereint sitzen. Brot und Wein sind Inbegriff für Gastfreundschaft und Liebesmahl und sollen an die Präsenz Gottes erinnern. Wir lesen davon, wie der Königpriester Melchisedek, der König von Salem (dem späteren Jerusalem), unserem Glaubensvater Abraham entgegenging und ihm Brot und Wein als Willkommensgeschenke darreichte.

Schließlich gab es noch den Räucheraltar im Heiligtum. Hier wurden wohlriechende Öle und Essenzen als Rauchwerk verbrannt und geopfert. Die Zutaten waren so exotisch, dass sie größtenteils nicht aus Israel selbst kamen, sondern aus den entferntesten Nationen per Karawanen herantransportiert werden mussten. Symbolhaft steht dieser Wohlgeruch für den hohen Lobpreis und die hohe Fürbitte. Wir brauchen die Unterstützung aller Sprachen, Kulturen und Nationen, um unseren Gott groß zu machen. Die Vorhof-Gebete drehen sich noch stark um unsere eigenen kleinen menschlichen Anliegen. Aber hier am Räucheraltar dreht sich alles um den großen Gott und um das, was sein Herz bewegt, sei es Freude oder Leid.

Die Aufgabe der Priester war es lediglich, die Dochte abzuschneiden, neues Öl nachzugießen und bei Brot sowie Gewürzessenzen für Nachschub zu sorgen. Sie durften mitmachen, aber nicht selbst machen. Das Feuer auf den Altären, das hatte Gott selbst angezündet. Kein menschlich entzündetes Feuer duldete er in seinem Haus. Das Feuer, das hier brannte, fiel auf übernatürliche Weise direkt vom Himmel.

DAS ALLERHEILIGSTE

Der dritte und letzte Bereich der Stiftshütte wurde Allerheiligstes genannt. Er besaß eine quadratische Grundfläche, etwa ein Drittel so groß wie das ganze Zelt. Auch diesen Bereich konnte man nur durch einen einzigen Zugang erreichen. Davor hing ein aufwendig bestickter Wandvorhang: der Vorhang zum Allerheiligsten. Nur Mose und Aaron als geistliche Führer durften hier hinein. Einmal im Jahr ging der Hohepriester in diesen Bereich, um für die Vergebung aller ungesühnten Sünden des Volkes einzutreten. Das war der große Versöhnungstag. An ihm wurde das Blut eines perfekten Passalammes auf den Sühnedeckel ausgegossen. Sühnedeckel wurde die Deckplatte jener großen Kiste genannt, die im Allerheiligsten stand – die Bundeslade.

Die Bundeslade war eine Kiste, wieder gefertigt aus vergänglichem Holz, überzogen mit feinstem Gold. Israel gab dieser Kiste (im Hebräischen das gleiche Wort, das auch für die *Arche* verwendet wird) noch einen zweiten Namen: Gnadenthron Gottes. Auf die Deckplatte waren zwei riesige Engelfiguren (Cherubim) aus Gold montiert. Sie bedeckten mit ihren Flügeln die Lade.

Nach dem Glauben Israels war diese Bundeslade der sichtbare Thron des unsichtbaren Gottes. Dies war das Epizentrum aller göttlicher Kraft und Macht. Hier war das Zentrum des ganzen Universums. Denn hier saß Jahwe und herrschte in seiner göttlichen Autorität.

Genau über diesem Ort, an dem sich die Bundeslade befand, konnten die Menschen außerhalb des Zeltes die Wolkensäule bzw. Feuersäule mit eigenen Augen sehen. Hier berührte der Himmel die Erde; Gottes Wohnung bei den Menschen. Noch kurz zur Vollständigkeit: In der Kiste wurden drei Gegenstände aufbewahrt. Sie alle stehen für eine bestimmte Gabe Gottes. Zum einen waren da die Steintafeln mit den Zehn Worten Gottes. Mose empfing auf dem Berg Sinai diese beiden Tafeln (mitt-

lerweile schon die zweite Edition), von Gottes Hand selbst aufgeschrieben. Fälschlicherweise nennen wir sie die „Zehn Gebote
Gottes" – und behandeln sie auch wie Gesetze. Aber das ist eine
Verzerrung der Wahrheit. Die Juden nennen sie die Zehn Worte,
denn es sind im Grunde auch keine Gesetze. „Ich bin der Herr,
Dein Gott!" – das ist eine klare Aussage und kein Befehl. „Und
wenn ich, der Herr, Dein Gott bin ... dann wirst Du keine anderen Götter mehr brauchen ... dann wirst Du nicht töten, stehen
und lügen ...!" Das ist der Duktus der Gedanken. Im Hebräischen
gibt es nämlich keinen ausgesprochenen Imperativ, sondern er
wird als Futur umschrieben. Statt „Du sollst nicht ...!" muss es
nun heißen: „Du wirst nicht ...!"

Außerdem gab es in der Lade noch einen Krug mit Manna. Wir
erinnern uns, das war das Himmelsbrot, mit dem Jahwe seine
Kinder 40 Jahre lang Tag für Tag übernatürlich versorgte. Es
hatte nur einen Nachtteil: Man konnte es nicht aufbewaren,
dann verfaulte es. So durften sie die tägliche gute Abhängigkeit
von Gottes Versorgung einüben. Dieser Krug mit Manna sollte
sie daran erinnern, dass sie einen Gott und Vater haben, der sie
immer versorgen wird.

Und dann gab es da noch den blühenden Stab von Aaron, dem
Bruder Moses. „Blühender Stab" ist ein Wortspiel im Hebräischen, das sich im Deutschen nur unbefriedigend wiedergeben
lässt. So wie im Frühling die Mandelzweige aufblühen und erwachen, wird auch das prophetische Wort erwachen. Gemeint
ist, Gott wird zu seinen Kindern immer zur passenden Zeit sprechen und ihnen Weisung geben.

Orientierung, Versorgung und Führung – das sind Geschenke
vom Gnadenthron.

- Vielleicht möchtest Du jetzt selbst nachforschen, wie dieses Zelt der Begegnung ausgesehen hat – dann wünsche ich Dir viel Spaß beim Googeln!

DIE VERGESSENE BUNDESLADE UND DIE HÜTTE DAVIDS

Nun haben wir einen ausführlichen Rundgang durch die Stiftshütte gemacht. Vierzig Jahre lang war dies das Modell für die Wohnung Gottes mitten unter seinen Menschen.

Wann immer die Herrlichkeitswolke Gottes sich erhob, bauten die Israeliten das Zelt ab und zogen weiter. Immer hinter der Wolke Gottes her. Dort, wo die *Shekina*-Wolke sich lagerte, da lagerten sie sich auch. Vierzig Jahre lang, bis die Zeit der Wüstenwanderung vorbei war. Die Generation des Ungehorsams starb und eine neue Generation betrat das Land der Verheißung. Sie eroberten ihr Land, wo Milch und Honig fließt. Bei allen Kämpfen und Eroberungen vergaßen sie mehr und mehr die Wohnung Gottes, weil sie viel zu beschäftigt damit waren, Häuser und Wohnungen für sich selbst zu bauen. Man stellte die Bundeslade bei jemanden unter und schenkte ihr für sehr lange Zeit keine große Beachtung. So stand sie in Silo, fast in Vergessenheit.

Doch dann kam David, ein Mann nach dem Herzen Gottes. Gott hatte wieder einen Freund gesucht und gefunden. Mit diesem jungen Mann würde er neu Geschichte schreiben. So erwählte Jahwe David zum neuen König von Israel, der die zerstrittenen Stämme einen und zu neuer Stärke führen würde. Als es endlich so weit war und David König in Jerusalem werden sollte, teilte David das Anliegen, das auch Gottes Herz so tief bewegt. David wollte Gott eine Wohnung geben, mitten unter seinem Volk. So holte er zuerst die Bundeslade, Gottes Thron, aus der Versenkung und brachte sie nach Jerusalem. Dort errichtete er ein neues Zelt für sie (nicht ganz so wie das Zelt der Begegnung damals); er baute die Hütte Davids. Er stellte die Bundeslade in das große Zelt und ließ vierundzwanzig Stunden am Tag, sieben Tage die Woche nonstop Lobpreis mit den Söhnen Asaphs und Korahs Freunden vor seinem großen Gott erschallen.

Als ich selbst mal wieder in Jerusalem war und mir bewusst wurde, wo David diese Lobpreishütte aufgebaut hatte, konnte ich noch besser nachvollziehen, wie sehr unser Vater im Himmel diesen Mann Gottes lieben musste. Denn David als erfahrener Kriegsmann und tapferer Held wusste genau: Der Nordhügel des Gebirges Moria, der etwas höher lag als die Bergfestung Zion, dieser Bergrücken war der einzige angreifbare Punkt für die Stadt Davids. Und genau hier, an der verwundbarsten Stelle seiner Macht, da baute der König und Stratege David keine neue dicke Festung oder Wallanlage, sondern da stellte er ein kleines luftiges Zelt auf mit einer mysteriösen Kiste darin und betete Gott unaufhörlich an. David erwählte Gott zu seiner Sicherheit und nicht Heer oder menschliche Kraft! Ich stelle mir vor, dass diese geradezu kindliche vertrauensvolle Herzenshaltung Davids das große Vaterherz Gottes sehr bewegt haben muss.

So weit, so gut. Es hätte so schön weitergehen können, aber was tat David? Er fing im Geist an und wollte im Fleisch weitermachen. Sein Gedankengang klingt fast richtig, wenn er sich fragte: „Ja, sollte ich in einem Palast wohnen und Gott wohnt in einem Zelt?! Ich will Gott ein Haus – einen Tempel – bauen!" (2. Samuel 7). – Doch unser Gott hatte nie in einem starren, festen Haus wohnen wollen! Er bevorzugt das Modell Zelt – bitte jetzt richtig verstehen: Wir sprechen hier gerade nicht über Caravaning und Urlaub, sondern über eine geistliche Realität. Unser Gott ist voller *dynamis*-Dynamik! Er ist immer in Bewegung, so wie die *Shekina*-Wolke. Er lässt sich nicht einfangen in einer Box und auch nicht vor einen Karren spannen. Der Löwe von Juda lässt sich nicht zähmen und domestizieren!

DER TEMPEL SALOMOS

Aber warum macht Gott dann anscheinend doch mit, als Salomo die Pläne seines Vaters Davids zu Ende bringt? König Salomo setzt einen großen Prachtbau in Jerusalem hin. Genau dort auf den Tempelberg, wo einst die Hütte Davids stand. Und wo Hunderte Jahre zuvor Abraham bereit war, seinen Sohn Isaak zu opfern. Genau an diesem Ort und an dieser Stelle würde der Tempel (in verschiedenen Variationen) fast 1000 Jahre lang stehen. Und noch heute ist das der heiligste Ort für die Juden.

So baut Salomo den ersten Tempel fast haargenau nach dem Modell der Stiftshütte auf. Nur alles etwas mehr in XXL. Der Tempel wird zu einem Meisterwerk damaliger Baukunst und seine große Berühmtheit ist historisch belegt. Selbst die Königin von Saba schaut vorbei. Die drei Teilbereiche – Vorhof, Heiligtum, Allerheiligstes – bleiben klar voneinander getrennt. Aus den Eingangsvorhängen zum Vorhof und zum Heiligtum werden große Portale, massive, kunstvoll verzierte Tore. Nur als Abtrennung zwischen Heiligtum und Allerheiligstem bleibt ein gigantisch großer und schwerer Vorhang. Bei der Einweihung des Tempels lagert sich die *Shekina*-Wolke Gottes erneut und erfüllt das Haus Gottes (2. Chronik 5,13-14).

Unter König Salomos Regierung entwickelt das Priestertum seine Blütezeit. Der Tempel wird mehr und mehr zum Zentralheiligtum Israels. Dreimal im Jahr kommt ein Großteil der Bevölkerung zu beeindruckenden Tempelgottesdiensten bei den Festen zusammen. Später werden die Juden aus der Zerstreuung dazustoßen. Das stärkt den gemeinsamen Glauben und die geistliche Identität, verfestigt aber auch eine gewisse Tempelfrömmigkeit. Ein religiöser Apparat entsteht und verselbstständigt sich im Laufe der Epochen.

Andere Zeiten brechen an, Könige kommen und gehen. Das Land erlebt Spaltung und Kriege. Bald schon lesen wir davon, dass der Götzendienst in diverser Gestalt überhandnimmt. Gottes Volk vernachlässigt und vergisst seine geistlichen Wurzeln. Das Haus Gottes degeneriert zur „Rumpelkammer", in der selbst Gottes Worte abhandenkommen. Die erneute Gottlosigkeit und Gott-Vergessenheit führen schon bald zum Untergang des Nordreiches Israels. Die zehn Stämme gehen für immer in die Zerstreuung (Diaspora). Auch das Südreich unter dem Könighaus Davids verlässt sich mehr auf Menschen als auf seinen Gott.

Was keiner glauben wollte, trifft doch ein. Wer nicht hören will, muss fühlen. Gott zieht seinen Schutz zurück. Jerusalem fällt in die Hände der Feinde. Die Stadt und auch der Tempel werden zerstört. Es folgen 70 Jahre babylonische Gefangenschaft. Das Volk Israel erlebt seine schwerste Glaubenskrise. Wo war nur ihr Gott gewesen? Wie konnte er zulassen, dass sein geliebtes Volk derart gedemütigt und gequält wurde? Wieso konnten die unbeschnittenen Heiden so frech den Tempel plündern, ohne auf den Widerstand himmlischer Kräfte und Heerscharen zu stoßen? War Jahwe womöglich schwächer als die Götzen der Heiden? Oder noch schlimmer – hatte er sie für immer verworfen?

DER ZWEITE TEMPEL

Selbst in diesen schwersten Jahren blieb die Erinnerung an den Tempel auf dem Berg Zion eine Quelle des Trostes und der neuen Hoffnung für Israel in der Ferne. Gott sandte seinen Kindern Propheten. Er ließ durch die Worte des Propheten Jesaja neue Zuversicht aufkeimen. Gott hat sein Volk nicht vergessen. Unter den Exulanten stand der Prophet Hesekiel auf. Seine Bilder und Visionen von einem neuen, andersartigen Tempel machten die Runde und schenkten vielen neuen Mut. Ja, es wird eine neue Zukunft für Israel geben!

Der Weg zurück war lang und steinig. Jahre des Wiederaufbaus lagen vor ihnen. Aber viele hatten sich mittlerweile mit ihrem Schicksal in der fernen Fremde arrangiert. Nur diejenigen der Kinder Israel, die von der Sehnsucht nach Zion angetrieben wurden, kehrten in ihre Heimat zurück – ein Land, das in Schutt und Asche daniederlag. Unter Esra, Nehemia und Haggai wurden der Tempel und bald auch die Stadtmauern Jerusalems wiederaufgebaut. Es war lange nicht mehr so, wie es einmal gewesen war. Fast 400 Jahre dümpelte der zweite Tempel in Jerusalem vor sich hin im Wechsel der Gezeiten israelischer Politik. Wir hören nichts davon, dass die Herrlichkeit Gottes wieder dort eingezogen wäre. Und auch die alte Bundeslade scheint nie mehr zurückgekommen zu sein. Lange Zeit bot der Tempel ein trauriges Bild und spiegelte die Glaubenslosigkeit eines gebrochenen, enttäuschten Volkes wider.

DER TEMPEL ZUR ZEIT JESU

Dann kam Rom. Auf dem Höhepunkt seiner Macht beherrschte es den ganzen Mittelmeerraum. Israel war da nur ein kleiner, unbedeutender Spielball für die Tyrannen. In König Herodes (dem

Großen) fand Rom einen treuen Vasallen, solange er Raum für seine größenwahnsinnigen Baupläne bekam. Unter anderem ließ Herodes den zweiten Tempel (21–19 v.Chr.) renovieren und erheblich ausbauen. Der ganze Tempelberg wurde ummauert und mit Erde aufgeschüttet. Ein Teil dieser Mauer steht heute noch und ist als westliche Mauer oder auch Klagemauer letztes Überbleibsel aus jenen Tagen und höchstes religiöses Heiligtum der Juden. Der ausgebaute Tempel des Herodes galt in seiner Zeit als architektonische Meisterleistung und fand viel Beachtung. Das war der Tempel Jesu, in dem Gottes Sohn als Baby beschnitten wurde, als Zwölfjähriger seine Bar-Mizwa feierte und als erwachsener Mann die Tische der Geldwechsler umstieß. In diesem Tempel predigte und heilte der Meister. Und hier fanden viele seiner Streitgespräche mit Pharisäern und Schriftgelehrten statt. 70 nach Christus wurde der Tempel von den Römern gänzlich zerstört und nicht mehr wiederaufgebaut.

JESUS UND DER TEMPEL

Hier nun einige Bibelworte, die Berührungspunkte zwischen dem Leben Jesu und dem Tempel aufzeigen:

„... macht nicht das Haus meines Vaters zu einem Kaufhaus!"
Johannes 2,16

„Brecht diesen Tempel ab, und in drei Tagen werde ich ihn aufrichten.' Da sprachen die Juden: ‚46 Jahre ist an diesem Tempel gebaut worden, und du willst ihn in drei Tagen aufrichten?' Er aber sprach von dem Tempel seines Leibes."
Johannes 2,19-21

„Und als acht Tage vollendet waren, dass man ihn (im Tempel) beschneiden sollte, da wurde sein Name Jesus genannt ... "
Lukas 2,21

„Und es geschah, dass sie ihn nach drei Tagen im Tempel fanden (...) Und er sprach zu ihnen: ‚Was ist der Grund dafür, dass ihr mich gesucht habt? Wusstet ihr nicht, dass ich in dem sein muss, was meines Vaters ist?‘"
LUKAS 2,46.49

„Er lehrte aber des Tages in dem Tempel, und des Nachts ging er hinaus und übernachtete auf dem Berg, der Ölberg genannt wird."
LUKAS 21,37

„Darauf nimmt der Teufel ihn (Jesus) mit in die heilige Stadt und stellte ihn auf die Zinne des Tempels und spricht zu ihm: ‚Wenn du Gottes Sohn bist, so wirf dich hinab!‘"
MATTHÄUS 4,5-6

„Ich aber sage euch: Größeres als der Tempel ist hier."
MATTHÄUS 12,6

„Und siehe, der Vorhang des Tempels zerriss in zwei Stücke, von oben bis unten ... "
MATTHÄUS 27,51

„Täglich war ich bei euch, lehrte im Tempel ... "
MARKUS 14,49

„Und Jesus ging in dem Tempel umher ... "
JOHANNES 10,23

Jesu Beziehung zum Tempel in Jerusalem war ambivalent. Einerseits ehrt er das, wofür der Tempel ursprünglich steht: Das Haus seines Vaters ist ein Haus des Gebets (Matthäus 21,13). Hier ist Gottes Nähe erfahrbar und zu finden. Andererseits wehrt er sich vehement gegen das, was das religiöse System daraus macht: eine Räuberhöhle und ein Machtwerkzeug. Diese frommen Spiele spielt er nicht mit und lässt sich davon auch nicht beeindrucken. Jesus war zwar bei den jährlichen Festtagen im Tempel zu finden, aber sein Glaube ist nicht gebunden an heilige Zeremonien, an heilige Orte und heilige Zeiten. Darin unterscheidet er sich grundlegend vom religiösen Führertum seiner Zeit.

Jesus kann seinem Gott und Vater immer und überall begegnen. Auf dem Berg der Seligpreisungen, am See Genezareth, unterwegs in der Menschenmenge, selbst in der Wüste und im Garten Gethsemane. Es kommt nicht auf bestimmte Worte und Rituale an, um Gott nahezukommen. Was zählt, ist die innige Liebesbeziehung zum Vater. So kann auch das Kämmerlein zum Ort der Gottesbegegnung werden. Das ist das entscheidend Neue und geradezu Revolutionäre an der Botschaft Jesu: Er, der Sohn Gottes, lebt in der herrlichen Freiheit des Himmels. Durch ihn erstrahlt alles in einem neuen Licht der Offenbarung Gottes. Der Sabbat ist für den Menschen gemacht, und nicht der Mensch für den Sabbat (Markus 2,27). Unser Gott will nicht die äußere Einhaltung von religiösen Gesetzen und Spielregeln, er sucht vielmehr veränderte Herzen seiner Menschenkinder.

Es wird noch radikaler: Jesus versteht sich selbst als Wohnung Gottes, in welcher der Allmächtige zeltet. *Sein* Leib ist der Tempel. *Er* ist der lebendige Zion, der Berg des Heils. *Er* ist das wahre Passalamm, das ein für alle Mal alle weiteren Opfer überflüssig macht. *Er ist der Hohepriester, der die Himmel durchschritten und mit seinem eigenen Blut die vollkommene Erlösung im Allerheiligsten bewirkt hat.* Er ist der leidende Gottesknecht und zugleich der triumphierende Messias-König. Er ist Alpha und Omega, der Anfänger und der Vollender unseres Glaubens.

Ich kenne niemanden, der so radikal antireligiös lebt wie mein Jesus. Und ich kenne keinen, der so respektvoll mit den alten Wegen Gottes umgeht wie mein Jesus.

GOTT WILL IN UNS WOHNEN

„Euer Herz werde nicht bestürzt. Ihr glaubt an Gott, glaubt auch an mich! Im Haus meines Vaters sind viele Wohnungen. Wenn es nicht so wäre, würde ich euch gesagt haben: Ich gehe hin, euch eine Stätte zu bereiten? Und wenn ich hingehe und euch eine Stätte bereite, so komme ich wieder und werde euch zu mir nehmen, damit auch ihr seid, wo ich bin."
JOHANNES 14,1-3

Bisher hatte ich diese Worte immer so verstanden, dass Jesus mir eine Wohnung im Himmel für die Zukunft vorbereitet. Aber wenn ich weiterlese und ihm zuhöre, kommen mir neue Gedanken.

„Ich werde den Vater bitten, und er wird euch einen anderen Beistand geben, dass er bei euch sei in Ewigkeit, den Geist der Wahrheit (…) Er bleibt bei euch und wird in euch sein. Ich werde euch nicht verwaist zurücklassen, ich komme zu euch (…) Weil ich lebe, werdet auch ihr leben. An jenem Tag werdet ihr erkennen, dass ich in meinem Vater bin und ihr in mir und ich in euch."
JOHANNES 14,16-21

„Jesus sagte: ,Wenn jemand mich liebt, so wird er mein Wort halten, und mein Vater wird ihn lieben, und wir werden zu ihm kommen und Wohnung bei ihm machen.'"

JOHANNES 14,23

Nicht erst dermaleinst, in Gottes neuer Welt, will der Vater mit mir zusammenwohnen, sondern schon jetzt! Vater und Sohn senden den Heiligen Geist in mein Herz. Näher kann er mir kaum kommen. Eine Herzens-WG mit dem lebendigen Gott!

Früher dachte ich: „Die Jünger zur Zeit Jesu hatten es echt gut! Sie konnten den Meister direkt sehen und hören und anfassen." Oder auch Adam und Eva habe ich beneidet. „Mensch, die konnten mit dem Vater zusammen in der Kühle des Gartens spazieren gehen. Und ich?!"

Geht es Dir manchmal auch so? Es ist schon sehr herausfordernd, mit einem unsichtbaren Gott als Gegenüber eine Freundschaft und Liebesbeziehung zu pflegen! Ein bisschen komisch, fast so wie eine Internetbekanntschaft. Man sieht den anderen nicht, kommuniziert aber miteinander.

Heute betrachte ich die Dinge anders. Denn heute weiß ich, dass Gottes Vaterherz sich so sehr danach verzehrt, mit seinen Kindern hier und heute schon zusammenzuleben. Nicht erst in der Ewigkeit! Die Nähe zu seinem Herzen, die er uns durch Jesus Christus gewährt und schenkt, ist unvergleichbar herrlicher. Auch wenn meine natürlichen Augen ihn immer noch nicht sehen können, sehen die Augen meines Herzens ihn und seine Spuren überall in meinem Leben.

DER TEMPEL UND DAS NEUE TESTAMENT

Die Anfänge, die wir bei Jesus beobachten konnten, entwickeln sich in der jungen Gemeinde der Christen weiter. Sie nehmen eine eher kritische und distanzierte Haltung dem religiösen Tempelkult gegenüber ein. Zuerst trafen sie sich zwar noch in den Räumen des Tempels für ihre Gottesdienste, aber auch in Privathäusern. Und schon bald führten Konflikte und Verfolgung dazu, dass die Gemeinde neue Wege suchte und betrat. Der erste Märtyrer Stephanus (Apostelgeschichte 7,48) eckte beim religiösen Establishment damit an, dass er predigte: Gott wohnt nicht in Tempeln aus Stein – sondern in den Herzen seiner Kinder. Das brachte ihm den Vorwurf der Gotteslästerung ein und damit die Todesstrafe. So weit reichte die religiöse Verirrung bereits: Man setzte den kultischen Tempel mit Gott gleich. Noch heute sagen manche: Wir *gehen* in die Gemeinde/ Kirche – und meinen damit ein Gebäude, in dem Christen sich versammeln. Aber wir *sind* vielmehr die Gemeinde/Kirche! Zunehmend verlagerte sich das geistliche Leben der Jünger Jesu auf die Häuser, auf öffentliche Plätze und sogar säkulare Orte. Man bedenke nur, was das bedeutet haben mag, als sich die verfolgten Christen Roms in Grabkammern (Katakomben) trafen. Für religiöse jüdisch-geprägte Menschen war das undenkbar gewesen! Wer mit Tod und Toten in Berührung kam, war kultisch unrein und damit unbrauchbar für den Gottesdienst, so dachten die Schriftgelehrten und Priester damals. Jedoch die Gemeinde Jesu schmeckte eine neue Freiheit im Geist. Sie verstanden sich als „die heiligen Menschen", „die an jedem Ort den Namen unseres Herrn Jesus Christus anrufen!" (1. Korinther 1,2).

DIE APOSTEL UND DER TEMPEL

Die Apostel lehrten eine befreiende Wahrheit: Unser Körper ist der Tempel des Heiligen Geistes! Du bist ein Tempel auf zwei Beinen!

„Wisst ihr nicht, dass ihr Gottes Tempel seid und der Geist Gottes in euch wohnt?"

1. KORINTHER 3,16

Der lebendige Glaube wohnt in unseren Herzen. Gott will jedem so nahe kommen, dass wir sogar seine Gedanken und Gefühle mit ihm teilen dürfen. Wir haben den Sinn Christi (1. Korinther 2,16). Das Wort, das hier für „Sinn" steht, bedeutet: die gesamte Gedankenwelt. Wir sind ganz tief mit dem Vater verbunden. Praktisch sind uns alle göttlichen Herzensregungen des Vaters zugänglich, aber weil wir Menschenkinder so klein sind, können wir nur sehr begrenzt verstehen. Diese Einheit und Gemeinschaft im Geist gehen tiefer, als kultische Handlungen jemals einen Menschen mit Gott verbinden könnten. Deshalb brauchen wir auch keine Mittler mehr. Keine Priester oder Stellvertreter. Jeder Christ, jedes Kind Gottes hat unmittelbaren Zugang zum Thron der Gnade. Denn dafür ist Jesus Christus gestorben. Er hat uns den Weg frei gemacht.

„Da wir nun, Brüder, durch das Blut Jesu Freimütigkeit haben zum Eintritt in das Heiligtum, den er uns eröffnet hat als einen neuen und lebendigen Weg durch den Vorhang – das ist durch sein Fleisch –, und einen großen Priester über das Haus Gottes, so lasst uns hinzutreten mit wahrhaftigem Herzen in voller Gewissheit des Glaubens, die Herzen besprengt und damit gereinigt vom bösen Gewissen und den Leib gewaschen mit reinem Wasser."

HEBRÄER 10,19-22

„Diese (Hoffnung) haben wir als einen sicheren und festen Anker der Seele, der in das Innere des Vorhangs hineinreicht, wohin Jesus als Vorläufer für uns hineingegangen ist, der nach der Ord-

nung Melchisedeks Hoherpriester in Ewigkeit geworden ist.“
HEBRÄER 6,19-20

Die Begeisterung der ersten Christen über das, was da am Kreuz geschehen ist, fand kein Ende! Auf einmal stand alles so klar vor ihren Augen. Der Sohn Gottes hat die Verheißungen des Vaters erfüllt. Die schattenhaften Erkenntnisse, die noch über dem alten Bund des Tempels lagen, verwandelten sich in den hellen Schein neutestamentlicher Offenbarung: Jesus Christus hat alles vollbracht! Er ist König, Priester und Prophet! Er ist Anfänger und Vollender! Er ist das Haupt und wir, die Gemeinde, sind seine Glieder.

DIE GEMEINDE IST GOTTES HAUS – ZUHAUSE – TEMPEL

„Ihr seid Mitbürger der Heiligen und Gottes Hausgenossen. Ihr seid aufgebaut auf der Grundlage der Apostel und Propheten, wobei Christus Jesus selbst Eckstein ist. In ihm zusammengefügt, wächst der ganze Bau zu einem heiligen Tempel im Herrn, und in ihm werdet auch ihr mit aufgebaut zu einer Behausung Gottes im Geist.“
EPHESER 2,19-22

„… das Haus Gottes, das die Gemeinde des lebendigen Gottes ist, die Säule und Grundfeste der Wahrheit.“
1. TIMOTHEUS 3,15

„Lasst euch auch selbst als lebendige Steine aufbauen, als ein geistliches Haus, ein heiliges Priestertum, um geistliche Schlachtopfer darzubringen, Gott hochwillkommen durch Jesus Christus!“
1. PETRUS 2,5

*„... dass der Christus durch den Glauben in euren Herzen wohne
und ihr in Liebe gewurzelt und gegründet seid."*
EPHESER 3,17

Die Liste der neutestamentlichen Bibelzitate ließe sich noch
weiter fortsetzen. Der Ruf des Vaterherzens Gottes, der durch
die Jahrhunderte und Jahrtausende schallt, hat endlich die Herzen seiner Kinder erreicht! So schließt sich der Kreis der Liebe
Gottes.

Gott will bei uns wohnen und wir werden sein Volk, seine Familie sein!

Interessant ist auch das Ende der Bibel. Gott schenkt uns durch
die Augen des Apostels Johannes einen kleinen Ausblick auf die
Ewigkeit. Wir schnuppern ein bisschen Himmelsluft. Wir be-
staunen den himmlischen Gottesdienst im Thronsaal des Allmächtigen. Wir verfolgen die letzten Kämpfe zwischen Licht
und Finsternis aus der Sichtweise himmlischer Orte. Vor unseren Augen erscheint das neue Jerusalem, die Stadt Gottes – das
ist unser neues, ewiges Zuhause beim Vater. Doch wenn wir uns
im Himmel umschauen, dann machen wir eine großartige Entdeckung: Nirgendwo in der Ewigkeit gibt es einen Tempel! Da
gibt es keinen Tempel mehr.

Abba ist am Ziel seiner Träume.
Er wohnt mitten unter uns und wir sind seine Familie.
Wir sind endlich daheim!
Willkommen im Vaterhaus!
Wir haben den Schlüssel zu Gottes Herzen gefunden.
Wir sind am Ziel unserer Träume angelangt ...

Endlich sind wir zu Hause angekommen. Ganz nah bei Gott und Gott ganz nah bei uns. Vereint in alle Ewigkeit. Jetzt kann die Hochzeit beginnen. Jetzt haben wir Party bei Vati. Jetzt tanzen wir ausgelassen mit *Ruach* den Lebenstanz. Dafür hat sich alles gelohnt! Leben ohne Ende!

- Kompliment, dass Du bis hierher durchgehalten hast! –
- Kannst Du jetzt den Zusammenhang besser erkennen? Kannst Du glauben, dass der lebendige, große Gott bei Dir und mit Dir wohnen will?
- Welche Emotionen und Gedanken lösen die Bilder vom Nach-Hause-Kommen bei Dir aus? Was verbindest Du mit Deinem Heimkommen?

KAPITEL 7:

DAS ERSTE PORTAL: DER WEG

In der prophetischen Symbolik von Stiftshütte und Tempel können wir also ablesen, was Gottes tiefstes Herzensanliegen ist. Er will bei uns wohnen, sein Leben mit uns teilen! Der dreieine Gott liebt es, Herzensgemeinschaft mit seinen Kindern zu pflegen. Wie wir gesehen haben, spricht die ganze Bibel von dieser leidenschaftlichen Sehnsucht unseres Gottes. Dafür war er bereit, jeden Preis zu bezahlen. Das Kreuz ist der Beweis für diese große Liebe des Vaters. Die Erlösung ist geschehen; die Tür zum Vaterhaus der Liebe Gottes steht weit offen. Alle sind eingeladen, einzutreten und nach Hause zu kommen.

Wenn Du, lieber Leser, mir bisher durch die Seiten dieses Buches gefolgt bist, magst Du Dich gefragt haben: „Tja, das mit dem Tempel und so weiter ist ja schön und gut zu wissen – aber was hat das mit meinem Leben, meinem Alltag, zu tun?" – Ich ermutige Dich: Halte noch etwas aus und Du wirst sehen, wie alles perfekt ineinandergreift und einen tieferen Sinn ergibt. Das wird ganz sicher eine durch und durch positive und segensreiche Auswirkung auf Dich und Dein Leben haben.

Also, weiter geht es!

Als Jesus in seinen Abschiedsworten jene bekannte Aussage machte: „Ich bin der Weg und die Wahrheit und das Leben" (Johannes 14,6) – da sprach damals kein Philosoph zu den Menschen. Denn so mögen diese Worte vielleicht heutzutage in unseren Ohren klingen. Als ob da ein Gelehrter über das Leben herumphilosophiert.

Jedes Kind in Jerusalem zur damaligen Zeit erkannte sofort: Jetzt spricht der Rabbi Jesus über den Tempel. Er spricht mal wieder in Gleichnissen und Bildern über die großen Dinge Gottes. Denn so kann man sich viel besser merken, was er gesagt hat, und versteht es auch gleich, egal, ob als Kind oder Erwachsener.

Außerbiblische Quellen[1] lassen vermuten, dass die Leute den drei Eingängen zu den einzelnen Bereichen des Tempels Namen verliehen hatten. Das Portal zum Vorhof nannte man demnach „der Weg". Die Tür zum Heiligtum wurde „die Wahrheit" genannt. Und der Vorhang zum Allerheiligsten wurde mit „das Leben" betitelt. Wenn also unser Meister diese drei Worte in den Mund nahm, dann konnte er sich der ungeteilten Aufmerksamkeit seiner Zuhörer gewiss sein. Denn jedermann interessierte sich damals für den Tempel. Wie wir sahen, hatte der Tempelkult mehr oder weniger den lebendigen Glauben der Leute ersetzt. Es schien so viel leichter, äußere religiöse Werke zu vollbringen, als einen unsichtbaren Gott persönlich zu suchen.

Dieses Hintergrundwissen hat bei mir eine Kettenreaktion an neuen Offenbarungen ausgelöst. Auf einmal tat sich der Vorhang auf und eine Welt voller neuer inspirierender Ideen und Zusammenhänge begann sich mir zu erschließen (dieser Prozess ist immer noch nicht vorbei. Aber ich wage jetzt, nach über sieben Jahren, in denen ich mit diesen Offenbarungen und Einsichten schwanger gehe, mein Buch zu schreiben über die Entdeckungen, die ich bereits machen durfte). Wenn ich aus diesem Blickwinkel heraus das Wort Jesu in Johannes 14,6 erneut lese, entdecke ich meine eigene Reise ans Vaterherz Gottes darin.

Gerne will ich Dich einladen, mit mir zusammen noch einmal durch den Tempel zu gehen. Jetzt aber unter dieser neuen Perspektive. Mit dem Perspektivwechsel: Jesus will uns hier eine ganz, ganz tiefe Schlüssel-Offenbarung schenken. Sie liegt verborgen wie ein Schatz hinter dem vordergründigen, oberflächlichen Erkennen. Lass uns bitte noch eine Ebene tiefer hineintauchen.

Beginnen wir mit dem ersten Portal: der Weg.
    Das Leben mit Gott ist ein Weg, eine lebenslange Reise. Wer Gott finden will, muss sich auf den Weg machen. Deshalb nannten sich die ersten Christen „Der neue Weg". Sie sahen sich als „Nachfolger Jesu", die ihm in seinen Fußstapfen nachgehen. Der Glaubensweg besteht aus unendlich vielen einzelnen Glaubensschritten. Unser Glaube ist kein Standpunkt, sondern ein Weg mit ständig neuen Erfahrungen, Entdeckungen und Überraschungen. Dieser Weg geht oftmals rauf und runter, wie die Zickzackkurve eines EKGs oder EEGs. Aber das bedeutet echtes Leben. Die Nulllinie, wo es keine Verwerfungen größerer Art gibt, bedeutet Tod. Echte Lebenswege verlaufen eher mäandernd, in Endlosschleifen; sie kennen Brüche, Umwege und Sackgassen. Jesus lädt uns ein: Komm und folge mir nach! Mach Dich auf den Weg! Verlasse altes, bekanntes Land und betrete neues, ungewohntes. Aber nur so wirst Du das Ziel erreichen!

Wer sich auf den Weg näher ans Vaterherz Gottes macht, wird den Vorhof des Glaubens betreten. Dort trifft man zuerst Jesus am Kreuz. Das ist, im übertragenen Sinn, unser Brandopferaltar. Hier ist ein für alle Mal das Blut unseres perfekten Opferlammes Jesus geflossen. Deshalb brauchen wir keine weiteren Opfer mehr. Jesus Christus hat für alle Schuld bezahlt, mit seinem eigenen Leben. Hier am Kreuz von Golgatha ist der geballte Zorn Gottes über alle Menschenschuld und Menschenleid wie ein Blitz eingeschlagen. Hier hat ein für alle Mal das Gerichtsfeuer des Zornes Gottes gebrannt und alle Ungerechtigkeit vernichtet. Wer sich jetzt beim Kreuz einfindet, den deckt und schützt dieser Ort. Denn da, wo es schon einmal gebrannt hat, kann es nicht wieder brennen.

Und dann ist da im Vorhof noch das Wasserbecken. Das steht für die Taufe. Zweitausend Jahre Kirchengeschichte und unterschiedliche Praktiken wollen uns trennen. Egal, wie weit unsere biblischen Erkenntnisse in der Tauffrage auseinanderliegen mögen, aber das gilt: Wer sich auf den Weg zu Gott macht, der wird am Kreuz und an der Taufe nicht vorbeikommen. Der wird an einer Begegnung mit Jesus, dem gekreuzigten und auferstandenen Herrn, nicht vorbeikommen. Da sind sich sogar fast alle Konfessionen einig. Ohne Jesus Christus geht es nicht. Er ist der Wegbereiter zu einem Leben mit Gott. Selbst in den Augen Andersgläubiger (wie Moslems oder Hindus) zählt jemand erst dann als Christ, wenn er sich in der Taufe öffentlich zu Christus bekennt. So beginnt der Weg, der uns zu Gott führt.

Im Vorhof herrscht buntes Treiben – noch viel Hin und Her, Raus und Rein. Du magst Jesus Christus als Deinen Herrn und Erlöser angenommen haben, aber Du bist immer noch nicht am Ziel der Reise. „Vorhofs-Christen" stehen in der Gefahr zu denken: „Das genügt schon, ich kenne Jesus, habe Vergebung für meine Sünden und bin gerettet, ich komme in den Himmel." Viele bleiben am Kreuz stehen. Oder sie bleiben dort sogar stecken. Woche für Woche kommen sie und bitten um Vergebung, empfangen sie auch, aber ihr Lebensstil verändert sich kaum. Diese Art der Nachfolge gleicht eher dem Wartesaal zur Ewigkeit. Es ist ein minimalistischer Jesus-Glaube, der hoffentlich für den Himmel reichen wird. Doch Jesus ist der *Weg*. Und ein Weg führt an ein Ziel. Im Vorhof sind wir noch nicht am Ziel. So wichtig das Kreuz und die Auferstehung Jesu sind – aber unser Herr und Erlöser starb für mehr als nur für eine Dauerkarte in Vergebung.

Ich sehe in Johannes 14,6 ein Stück meiner eigenen geistlichen Biografie. Ich kam zum lebendigen Glauben an Jesus Christus in einer bibeltreuen, evangelikalen Gemeinde. Dort habe ich mich auf den Weg der Nachfolge Christi begeben. Ich ließ mich taufen und wurde ein guter Mitarbeiter. Ich lernte die Vergebung kennen; mein ganzes geistliches Leben drehte sich darum, möglichst sündenfrei („stubenrein") zu leben sowie andere Menschen einzuladen, ihre Schuld am Kreuz abzuladen. Ich dachte, ich sei am Ziel, aber ich fühlte mich nicht so. „Welch Glück ist's, erlöst zu sein ..." – das genügte nur in bestimmten Augenblicken. Eine eigenartige Schräglage trat ein. Je sündiger ich mich fühlte, umso bewusster lebte ich mit Jesus, denn dann brauchte ich ja sein Opfer. So funktionieren religiöse Tempel-Systeme, aufgebaut auf Schuld und Scham. Sie können uns bei der Stange halten, aber sie können niemals echtes Leben aus Gott ersetzen! Sie sind kein Weg, sie sind eine Sackgasse.

Jesus Christus kam und hat uns einen Weg nach Hause eröffnet. Das Kreuz ist eine Tür. Jesus sagt: Ich bin die Tür. Aber wohin führt diese Tür? – Sie führt weiter und tiefer in das Leben hinein, das Gott für jeden von uns bereithält. Wir müssen hindurchgehen. Der Weg führt weiter. (Ich liebe die Narnia-Bücher von

C.S. Lewis. Dort beschreibt er, wie hinter einer Schranktür eine andere himmlische Realität auf uns wartet. Das stimmt!) Bitte, glaube mir, es gibt noch so viel mehr zu entdecken.

KAPITEL 8:

DAS ZWEITE PORTAL: DIE WAHRHEIT

Der Tempel zu Jerusalem, den Jesus besuchte, erschien fortschrittlicher als die Stiftshütte. Man hatte mittlerweile die Vorhänge zum Vorhof und auch zum Heiligtum durch große, imposante Pforten (massive Türen) ersetzt. Der Weg führte über eine Anzahl von Stufen, vorbei an verzierten Säulen, durch eine gewaltig-große doppelte Flügeltür, hinein ins Heiligtum. Dieses Portal wurde also „die Wahrheit" genannt.

Wer tiefer gehen will, der braucht die Wahrheit. Pilatus wird fragen: „Was ist Wahrheit?!" Und Jesus wird antworten: „Falsches Wort ... die Frage lautet: Wer ist die Wahrheit?! – Ich bin die Wahrheit in Person!" Im hohepriesterlichen Gebet in Johannes 17 bittet der Meister den Vater: „Heilige meine Jünger in der Wahrheit ... Dein Wort ist die Wahrheit!" Weiter sagt Jesus in den Abschiedsreden: Der Heilige Geist ist der Geist, der uns in alle Wahrheit leiten wird. Wahrheit steht also für Wort und Geist. Für die Kraft des Wortes Gottes in der Bibel und für die Kraft des Heiligen Geistes.

Nur die Priester durften in das Heiligtum. Mit anderen Worten, nur Menschen, die ganze Hingabe an Gott lebten, durften diesen Raum betreten. Denn ein Levit gehörte nicht sich selbst. Der Stamm Levi war von Gott ausgesondert worden, als Priester unter allen anderen Stämmen zu leben und insbesondere den Dienst am Tempel in Jerusalem wahrzunehmen. Die Leviten bekamen ihr Land und ihren Besitz von Gott zugeteilt. Gott war ihr Erbteil, einen anderen Schatz hatten sie nicht. Wer so lebte, der durfte hinein ins Heiligtum.

Im übertragenen Sinn: Wir alle sind in Gottes Augen Priester. Als seine Nachfolger und Jünger gehören wir uns auch nicht mehr selbst. Ihn zu kennen, heißt, ihn zu lieben und ihm zu dienen. Wie die Leviten, so leben wir als Christen ein ausgesondertes (heiliges) Leben für unseren Gott. Er ist unser Ein und Alles. Das allgemeine Priestertum ist eine revolutionäre Wiederentdeckung der Reformation. Alle Kinder Gottes – ob Mann, ob Frau, ob Adliger, ob Bauer – alle können denselben Heiligen Geist empfangen und alle sollen freien Zugang zum Wort Gottes haben. Durch das Lesen der Bibel und durch die Freundschaft mit dem Heiligen Geist öffnet sich die Tür der Wahrheit. Wir dringen tiefer in göttliche Wahrheit ein.

Mit dem nächsten Abschnitt unserer Reise betreten wir einen abgesonderten Raum. Das Heiligtum ist ein Ort verborgener Schönheit. Im Vorhof herrscht lautes Treiben, aber hier im Heiligtum ist Ruhe. Im Mittelpunkt steht der siebenarmige Leuchter. Die Menora symbolisiert den Heiligen Geist. Wir betreten also den Raum des Geistes. Das ist ein Ort stiller und intimer Präsenz des Höchsten. Der Lichtschein des Heiligen Geistes leuchtet strahlend auf dem Gold der Wände. Eine Atmosphäre der Herrlichkeit. Herrlichkeit ist ein Synonym für die Vaterliebe Gottes. Jesus empfing Herrlichkeit von Gott, dem Vater der Herrlichkeit, auf dem Berg der Verklärung, als der Vater zu dem Sohn sagte: „Du bist mein geliebter Sohn, an dem ich meine Freude habe!" (2. Petrus 1,17-18).

Im Raum des Geistes finden wir weiterhin den Tisch mit den Schaubroten. Brot und Wein erinnern uns an das Abendmahl. Dieses Zeichen weist uns hin auf die innige und intime Freundschaft, die der Vater mit uns haben will. Unabhängig von unseren jeweiligen theologisch-dogmatischen Vorlieben, wie wir das Mahl des Herrn interpretieren und mit Glauben füllen, erleben wir darin ein Stück vom Geheimnis des Himmels. Jedes Mal, wenn wir Brot und Wein mit ihm teilen, passiert das Wunder seiner Nähe. Als jemand, der in einer Freikirche aufwuchs, kannte und schätzte ich das Abendmahl hauptsächlich als Gemeinschaftsfeier zwischen Geschwistern. Erst durch die Offenbarung der Vaterliebe Gottes bekam ich Zugang zu der vertikalen Dimension: Der Vater will mit mir Tischgemeinschaft haben; Herz zu Herz, ohne Worte, nur Zeichen seiner Liebe! Beim Abendmahl können wir besonders gut die prophetisch-zeichenhafte Sprache mit allen Sinnen nachspüren: sehen und schmecken, wie freundlich unser Herr ist!

Schließlich ist da noch der Räucheraltar. Er verkörpert das Gebetsleben in diesem Raum des Geistes. Hier wird anders gebetet. Im Vorhof beten die Leute: „Bitte, Herr, mach doch dies oder das!" Bestenfalls kommen sie noch mit Dank: „Ja, danke für dies oder das!" Aber im Großen und Ganzen bleiben die „Vorhofs-Christen" sehr stark bei sich selbst und bei dem, was Gott alles für sie bitte schön noch tun soll. Die Gebete im Heiligtum hören sich anders an. Es dreht sich alles um ihn. Gott und seine Wünsche stehen im Zentrum: „Du, Herr, Dir sei die Ehre ... Dein Wille geschehe!"

Der Wohlgeruch der Gebete, die von hier aufsteigen, steht für den hohen Lobpreis und die hohe Fürbitte. So wie damals die Gewürze im Tempel aus vielen anderen Nationen zusammengetragen wurden, so klinken wir uns heute in die Gebetsbewegungen ein, die rings um den Erdball laufen. Wir fließen mit im Strom des Heiligen Geistes, wie er bereits unter den Nationen wirkt; zusammen mit unseren asiatischen, afrikanischen und Latino-Geschwistern. Wir singen neue Lieder aus den USA oder Australien; wir preisen Gott auf Deutsch, Englisch, Spanisch und in neuen Sprachen der Himmelswelt. Wir umarmen den Reichtum an Vielfalt und Schönheit, der uns durch das bunte Gottesvolk wie ein Duft des Himmels entgegenströmt.

Nun könnte man fast denken: „Es ist so schön in der Gegenwart des Herrn, lasst uns hier Hütten bauen!" Wir haben Jesus gefunden und dazu noch den Heiligen Geist! Was gibt es denn noch mehr?! – Ein bisschen ist es mir so auf meiner Reise ergangen. Erst lernte ich als „evangelikaler Christ" Jesus kennen und lieben. Welch ein Freund ist unser Jesus! Doch es war eine ziemliche Plackerei, das Reich Gottes ohne die Kraft des Heiligen Geistes bauen zu wollen. Mich trieb der Hunger nach dem wahren Leben weiter. Ich sagte mir: „Es muss doch mehr geben! Jesus hat uns doch Leben in Fülle versprochen!" So trieben mich der Hunger und Durst nach dem „mehr Herr" tiefer ins Wort und ins Gebet. Ich betrat den Raum des Geistes und dort empfing mich der Heilige Geist. Ich tauchte tief in die Fluten seiner Herrlichkeit ein. Jetzt war ich auch noch „Charismatiker" geworden. Ein vom Gottes Geist Beschenkter.

Ich vermute, dass mancher meiner Leser seine Reise bis hierhin ähnlich erlebt haben mag. Wir haben eine Entscheidung für Jesus getroffen; sind gute Mitarbeiter in unseren Gemeinden und Kirchen geworden; hatten vielleicht ein Berufungserlebnis für eine bestimmte Aufgabe im Reich Gottes; haben uns dann noch mehr nach Gottes Wirken ausgestreckt und Erfahrungen mit dem Heiligen Geist gemacht. Im Großen und Ganzen sind wir treu dabeigeblieben. Wir geben unser Bestes in Beruf, Familie und Gemeinde. Woche für Woche, Jahr um Jahr. Doch unter dem Strich steht immer das Gefühl: *nicht genug*. Ungenügend. Ich reiche oftmals nicht aus. So empfinde ich es jedenfalls im Alltagsgeschehen. Ich bete zu wenig, habe zu wenig Liebe für meine Mitmenschen und bin oft ein Getriebener der Termine. Ja, und *es* reicht nicht aus! Was immer dieses *es* sein mag: Gesundheit, Geld, Zeit. Meine Kraft reicht nicht aus. Und auch für Gott muss mein Leben ungenügend sein. Auf meiner Reise begegnen mir in den letzten Jahren enorm viele Christen und Mitmenschen mit genau diesem *Nicht-genug*-Lebensgefühl.

Es ist besonders schwer, seinen Mangel zuzugeben, wenn man bereits im Heiligtum zu Hause ist und obendrein als allseits bekannter „Top-Levit" seine Dienste ausübt. Kirchliche und soziale Mitarbeiter in Leitungsaufgaben stehen in erhöhter Gefahr geistlichen Ausbrennens. Ich weiß aus eigener Erfahrung, wie diese Abseits-Falle rabiat zuschnappt. Man kann mitten im Meer der Herrlichkeit geisterfüllten Lebens auf dem Trockenen sitzen und verdursten. Es gibt Sandbänke im Strom Gottes, auf denen wir jämmerlich feststecken und einsinken können. Wir können uns und auch den Menschen um uns her eine lange Zeit etwas vormachen, aber nicht unserem Vater, der im Verborgenen ist und ins Verborgene sieht.

Wenn es Dir so geht, dann lade ich Dich ein: Erhebe Deine Augen und schau Dich bitte noch einmal um im Raum des Geistes, im Heiligtum. Es gibt noch ein weiteres Portal. Genau genommen ist es sogar ein Vorhang, so wie es ursprünglich Vorhänge in der Stiftshütte gab. Dieser Vorhang wird „das Leben" genannt. Hinter diesem Vorhang erwartet uns überfließendes Leben, so verheißt es uns Gott. Dort ist Lebensraum für uns. Wir brauchen Jesus und den Heiligen Geist nicht wieder loszulassen, wenn wir weitergehen wollen. Sie nehmen uns an die Hand und gehen mit uns zusammen weiter. Ja, das ist der Herzenswunsch des lebendigen Gottes. Er zieht uns hinein in diese Umarmung des Himmels. Der Sohn Gottes versöhnt und „ver-sohnt" uns. Der Heilige Geist erleuchtet und durchströmt uns. Beide ziehen uns mit Seilen der *agape*-Liebe Gottes weiter ins Allerheiligste hinein. Denn dort wartet das wahre Leben auf uns!

KAPITEL 9

DAS DRITTE PORTAL: DAS LEBEN

In demselben Augenblick, als das Leben unseres Herrn und Er-
lösers Jesus Christus am Kreuz von Golgatha zerriss, da zerriss
auch der Vorhang im Tempel, der das Allerheiligste vom Heiligtum trennte und der den Namen „das Leben" trug. Das war kein
Zufall, sondern präziser Gott-Fall! Das gehört zu Abbas perfek-
tem Heilsplan. Wie alles andere ringsumher. Wir erfahren aus
den Evangelien, dass unser Meister zwischen 12 und 15 Uhr
mittags den Todeskampf für uns am Kreuz von Golgatha kämpf-
te. Das war exakt der Zeitraum, wo im Vorhof die Passalämmer
geschlachtet wurden. Später würde der Hohepriester sich auf
den Weg machen. Er würde mit dem Blut eines perfekten Passalammes durch das Heiligtum schreiten bis hin zu dem Vorhang
vor dem Allerheiligsten. Einmal im Jahr ging der Hohepriester
hinter diesen Vorhang und vergoss das Blut eines vollkommenen Passalammes über der Sühneplatte, dem Deckel der Bundeslade. Nach dem Glauben und Verständnis Israels war das der
Gnadenthron Gottes. Das würde den Zorn Gottes stillen für alle
ungesühnte Schuld und Sünde des Volkes. Das würde genügen
für alle Opfer, die man versäumt hatte im Vorhof darzubringen.
Darum ging es hierbei im Allerheiligsten. Gott sollte gnädig ge-
stimmt werden.

Der Tempel zu Jerusalem war ein enorm großer Schlachthof. Täglich wurden Hunderte von Tieren geschächtet und geopfert. Man kann fragen, woher diese Viehherden kamen. Denn Jerusalem liegt etwa 700 Meter über dem Meeresspiegel in einer kargen Vegetation. Doch nur wenige Kilometer entfernt liegt Bethlehem (übersetzt: das Brot-Haus). Ab dieser Gegend begann üppiges Weide- und Ackerland. So war Bethlehem die Kornkammer und der Bauernhof der Hauptstadt. Wir wissen aus außerbiblischen Quellen, dass die Population der Stadt Jerusalem zu den Festen derartig anwuchs, dass die Stadtrechte bis nach Bethlehem ausgeweitet wurden, um die vielen Gäste unterbringen zu können. So gehörten die Felder Bethlehems zur Tempelverwaltung. Die Schafe auf den Feldern Bethlehems waren die Viehherden, aus denen die Opfertiere stammten und wo Jahr für Jahr das perfekte Passalamm erwählt wurde, dessen Blut der Hohepriester im Allerheiligsten opfern würde. Die Hirten auf den Feldern Bethlehems waren demnach Angestellte des Tempels. Auf einmal hört sich das Weihnachts-Evangelium anders in unseren Ohren an: „Es waren Hirten auf den Feldern" ... Das waren die gleichen Hirten, die später im Jahr den Auftrag bekommen würden, nach einem Passalamm Ausschau zu halten. Es war in den Thora-Büchern klar festgehalten, wie solch eine Auswahl stattzufinden hatte. Die Hirten mussten Mutterschaf und Babyschaf genauestens inspizieren. Beide mussten ohne Fehl und Makel sein, um die Kriterien zu erfüllen. In der Heiligen Nacht zu Bethlehem wurde unser Passalamm auserwählt!

Über dreißig Jahre später stirbt Jesus am Kreuz auf Golgatha. Nur wenige Hundert Meter Luftlinie entfernt vom Tempelberg. Also von jenem Ort, an dem unser Glaubensvater Abraham Hunderte Jahre zuvor bereit war, seinen geliebten Sohn Isaak zu opfern – ohne überhaupt zu verstehen, was sein Gott da von ihm verlangte. Aber Abraham vertraute seinem Gott und das wurde ihm als Gerechtigkeit angerechnet! Bei Abraham kam es damals nicht zum Äußersten. Es gab einen Widder als Ersatz für den geliebten Sohn. Jahwe hatte in Abraham einen Freund gefunden, der mit ihm seinen schweren Weg teilte und vorauseilte. Hunderte Jahre später würde Jahwe seinen Sohn opfern müssen für die Schuld der Kinder. – Doch auf Golgatha gab es keinen Widder als Ersatz. Dort starb Jesus, der geliebte Sohn, das Lamm Gottes, das die Sünde der ganzen Welt trägt. Im Tempel machte sich der Hohepriester bereit. Als er das Allerheiligste betreten wollte, gab es ein Erdbeben. Die Elemente der Welt schienen aus den Fugen geraten zu sein. Ein anderer, der wahre Hohepriester im Geist, Jesus Christus, war bereits vorausgegangen. Der Vorhang, der das Allerheiligste abtrennte, zerriss von oben bis unten. Als Jesu Leben zerriss, zerriss der Vorhang „Das Leben"! Das perfekte Blut des perfekten Opferlammes floss ein für alle Mal und beendete jedes Opfer im Allerheiligsten. Zum ersten Mal war der Weg ins Allerheiligste frei. Jesus, unser Herr, wurde uns Opferlamm, Hoherpriester und Wegbereiter zugleich.

Wir können kaum ermessen, was damals am Karfreitag, am Guten Freitag, in der unsichtbaren Welt stattfand. Die Bibel berichtet davon, dass es zu dramatischen Umwälzungen in der unsichtbaren Welt kam, als die Pforten des Todesreiches einstürzten. Es war wie eine Explosion in der Unterwelt. Einige Tote erschienen sogar für kurze Zeit und verschwanden wieder (siehe Matthäus 27,51-53). Da war was los! Jesus Christus machte den Weg frei für alle Menschen, die jemals vor ihm gelebt haben. Im Petrusbrief (1. Petrus 3,18-20) lesen wir, dass der Sohn Gottes ins Totenreich hinabstieg und dort die Menschen „evangelisierte"; mit anderen Worten: Allen wurde die Gute Nachricht von der Liebe des Vaters erzählt. Diese Liebe wartet auf eine Antwort.

Kein Mensch, der jemals gelebt hat, kein Mensch, der jetzt lebt, und kein Mensch, der jemals leben wird, wird an Jesus vorbei verloren gehen oder gerettet werden. Jesus ist der Einzige, der uns den Weg zum wahren Leben mit dem wahren Gott eröffnen kann. Er hat den Vorhang zerrissen.

Ich will einen Augenblick mit Dir an dieser Stelle innehalten und verweilen. Das ist ein gewaltiges Bild-Wort: der zerrissene Vorhang. Der zerrissene Lebens-Vorhang. Mir erscheint, das ist mehr, als Worte ausdrücken können. Das ist eine Metapher für eine geistliche Realität, die dahintersteht. Unser Gott ist der Herr der Durchbrüche. Er bezeugt mit seiner ganzen Existenz, dass neues Leben unter Todesschmerzen zur Geburt kommt. Das Weizenkorn muss in die Erde fallen und sterben, sonst bringt es keine Frucht. Wachstum kommt durch Beschneidung. Die Wüste wird zum Ort der Gottesnähe und Segenserfahrung.

In meinem bisherigen Leben gab es bereits mehrere Zerrisse: Krisensituationen, die jeweils das Potenzial hatten, mich aus der Bahn zu werfen, und mich zwingen wollten, aufzugeben. Meistens hing es bei mir mit tiefen Enttäuschungen zusammen. Ich bin ein Visionär und absoluter Beziehungstyp. Und gerade im Bereich Beziehungen habe ich schon mehrfach die derbsten Enttäuschungen durchlebt. Wenn Träume zerplatzen; Menschen, denen ich vertraut habe, weggehen und mich scheinbar verlassen; wenn ich mein Scheitern sehe und ohnmächtig vor einem Trümmerhaufen stehe ... Das fühlt sich nach Zerriss an.

Kennst Du auch solche schmerzvollen Grenzerfahrungen? Da zerreißt ein Stück Leben vor Deinen Augen. Du kannst nichts dagegen unternehmen. Träume, Beziehungen, Lebensentwürfe – sie zerfetzen. Wie in einem Reißwolf geschredderte Hoffnung fliegt Dir Dein Leben um die Seele.

Durch die Jahre habe ich zwei Goldstücke Herrlichkeit darin entdeckt, die ich gerne mit Dir teilen möchte. Es würde mich freuen, wenn es auch Dir zur Ermutigung und Segen dient, so wie es mein Herz stark und glücklich gemacht hat, selbst nach dunkelsten Phasen der Hoffnungslosigkeit.

Erstens: Das Ende ist nie das Ende bei Gott.
Wie oft werde ich das meiner eigenen Seele noch predigen müssen?! Dort, wo alle menschlichen Möglichkeiten ausgeschöpft wurden, da hält Abba-Vater immer noch eine Überraschung parat. Er ist der Gott aller Hoffnung.

Das habe ich gerade wieder neu erlebt!

Vor ein paar Jahren zerbrach ein großer Lebenstraum, für den ich fast 25 Jahre lang lebte. Anfangs dachte und fühlte ich, dass alles aus sei. Ich verstand Gott und die Menschen nicht mehr. Ich trauerte und jammerte, bis ich keine Tränen mehr hatte. Wenn ich jetzt neu hinschaue, kann ich nur staunen. Statt der einen großen Tür, die zuging, hat Abba in den letzten Jahren an die 20 neue Türen geöffnet. Meine Sehnsucht und Vision ging anders, als ich gedacht und erwartet hatte, in Erfüllung!

Wenn hier eine Tür zugeht, dann öffnet Gott irgendwo anders eine neue Tür der Möglichkeiten für mich. Meine Verlegenheiten sind Gottes Gelegenheiten. Ich kann dankbar loslassen und muss nicht krampfhaft festhalten, was sich nicht mehr festhalten lässt. Wenn mir Liebgewordenes geraubt wurde, dann bietet sich nur eine neue Chance, zu lernen, was es bedeutet: Platz schaffen für Neues. Selbst Finsternis ist wie Licht bei Gott. Er kann aus Tod noch Leben schaffen. Spätestens seit Golgatha sollten wir es nie vergessen – Gottes Liebe findet immer einen Weg. Sie ist stärker als die Macht des Todes!

Zweitens: Jedes Scheitern macht mich stärker, demütiger und mutiger zugleich.

Aus Angst, Sorge und Scham möchte ich gerne Scheitern in meinem Leben vermeiden. Dabei bringt Scheitern mich voran. Ich lerne aus den Fehlversuchen und werde stärker. Es macht mich demütiger und zeigt mir, was ich alles noch nicht kann. Und es macht mich mutiger, denn es zeigt mir auch, was mein Gott zu tun vermag, trotz meiner Schwäche und in meiner Schwäche.

Bei Licht betrachtet können wir feststellen, dass die Zeiten, in denen wir uns fehlbar und schwach fühlen, oftmals die Phasen unseres Lebens sind, in denen wir ganz besonders die Gnade und Nähe Gottes erleben dürfen.

Ich habe (bisher) fünf Mega-Krisen durchlebt und überlebt. Das fühlte sich jeweils nicht schön an und ich hätte es gerne vermieden. Aber im Nachhinein kann ich nur dankbar sagen, dass diese stürmischen Zeiten der Herausforderungen mich nur noch näher an Gottes Herz gedrückt haben. Wir können oftmals Druck nicht verhindern. Aber entscheidend ist, ob der Druck mich näher zu Gott oder von ihm wegdrückt.

Heute bin ich dankbar für die Erfahrungen, die ich in den Stürmen gemacht habe. Sie ließen mein Leben reifen und formten mich erst zu der Persönlichkeit, die ich heute sein darf.

Der Vorhang ist zerrissen. Der Weg zum wahren Leben ist frei und liegt vor uns. Komm und geh mit mir hinein: Ein neuer Raum des Lebens wartet im Allerheiligsten auf uns!

KAPITEL 10

IM ALLERHEILIGSTEN: BEI ABBA-VATER IST DAS LEBEN

Als der Vorhang zerriss, wurde der Blick ins Allerheiligste frei. Was muss das für ein Erstaunen gegeben haben im Volk Gottes?! Denn seit alten Zeiten lebten die Kinder Israel mit der Vorstellung, dass hier im Allerheiligsten ein Ehrfurcht gebietender Herrscher-Gott thront. Man wagte seinen Namen (Jahwe) nicht auszusprechen. Aus Respekt, aber auch aus Furcht. Stattdessen nannten sie ihn: „Herr der Kriegsheere" (Adonai Zebaoth) oder „der Heilige Herr" (Adonai Kadosch) oder „der Schreckliche" (El Schaddai). In Israel glaubte man, dass hier, im Zentrum der göttlichen Macht auf Erden – hier, am allerheiligsten Ort –, ein ferner, heiliger Gott auf dem Richterstuhl saß und seines Amtes waltete. Sie nannten die Bundeslade zwar „Gnadenthron", aber in ihren Vorstellungen und Erwartungen ging wenig Gnade von diesem heiligen Ort aus, sondern eher Angst und Schrecken.

Wenn sich der Hohepriester einmal im Jahr ins Allerheiligste begab, unterzog er sich vorher einer schier endlosen Prozedur von Reinigungen und Waschungen. Kein bisschen Schmutz und keine Verunreinigung durften an ihm gefunden werden, sonst wäre das ganze Opfer null und nichtig gewesen. Es wurden Glöckchen an sein festliches Priestergewand angenäht. So konnten die Leviten, die draußen vor dem Vorhang zurückblieben, hören, ob ihr Hoherpriester sich immer noch bewegte und lebte oder ob er bereits tot umgefallen war in der unbestechlichen Gegenwart des Heiligen. Man brachte sogar eine Schnur an der Fußfessel des Hohepriesters an, für den Notfall, falls man ihn schnellstens aus dem Allerheiligsten wieder herausziehen müsste. Solche beängstigenden Bilder und Vorstellungen verband Israel mit diesem Raum hinter dem Vorhang. Das war alles andere als vertrauenerweckend. Aber es spiegelte lediglich wider, wie Israel seinen Gott in Wirklichkeit ansah. Jahwe war für sie ein ferner Herr-Gott. Weil sie sein liebendes Vaterherz noch nicht kannten, stellten sie sich ihn als fordernden und zurechtweisenden Herrscher vor.

Und nun das! Der Vorhang ist zerrissen und gibt den Blick frei auf jenen geheimnisvollen, sagenumwobenen Raum. Aber anders als befürchtet sitzt hier auf dem Gnadenthron kein gruseliger Richter-Gott, sondern ein liebevoller Abba-Vater! Eigentlich hätten sie es ja wissen können, denn Jesus Christus hatte es seinen Freunden längst mitgeteilt: Jahwe ist Abba!

In Johannes 14,6 gibt er uns den Schlüssel dazu. Als Jesus sagte: „*Ich* bin der *Weg* und die *Wahrheit* und das *Leben*; niemand kommt zum Vater denn durch mich!" – da machte er es deutlich vor aller Welt. So, wie man damals erst durch die drei Portale gehen musste, um in die Gegenwart des lebendigen Gottes zu kommen, so führt auch kein Weg an Jesus vorbei. Nur der Sohn kann uns den wahren Vater vorstellen.

> *„Niemand hat Gott jemals gesehen; der eingeborene Sohn, der in des Vaters Schoß ist, der hat ihn kundgemacht."*
> JOHANNES 1,18

94

Im griechischen Original finden wir eine interessante Wortwahl. Jesus, der Sohn, sitzt auf dem Schoß (*kolpos* – kann auch Brustbereich bedeuten, also nahe am Herzen) des Vaters. Die Zeitform, die hier gewählt wurde, sagt aus, dass der Sohn dort bleibend sitzt – er will gar nicht mehr weggehen. Es ist ein dauerhafter, nicht beendeter Zustand. Jesus, der Sohn, ist Sitzenbleiber bei Abba. Ganz nahe am Herzschlag des Vaters empfängt der Sohn Erkenntnis. Anders als die irreführende Erkenntnis der Gnosis (die auf Geheimwissen für Eingeweihte beruht) ist jetzt hier von der *jada*-Erkenntnis die Rede. Das kleine hebräische Wort *jada* umschreibt am besten, was die Bibel unter „glauben, vertrauen, Gott erkennen und kennenlernen" versteht. Es geht um ein ganzheitliches, intimes, liebevolles Vertrauensverhältnis; um eine innige, freundschaftliche Herzensbeziehung.

> *„... niemand erkennt den Sohn als nur der Vater, noch erkennt jemand den Vater als nur der Sohn, und der, dem der Sohn ihn offenbaren will."*
> MATTHÄUS 11,27

Bei Abba-Vater ist das Leben! Das ist die große Überraschung, die Israel im Allerheiligsten erwartet. Hinter dem Vorhang, der „das Leben" genannt wurde, befindet sich tatsächlich Leben. Ein lebendiger Gott wartet dort mit überströmendem Leben im Überfluss auf uns! Der Zugang ist frei. Die Tür steht offen. Die offenen Arme Jesu am Kreuz sollen uns erinnern an die offenen Arme des Vaters aus Lukas 15. Die Einladung steht: „Kommt herein ins Vaterhaus meiner Liebe!" Alle dürfen „Vater" zu Gott sagen und auf seinen unendlich großen Schoß klettern – so wie es uns sein Sohn Jesus Christus, unser großer Bruder und Herr, vorgemacht hat.

Erst hier und nur hier sind wir am Ziel unserer Träume und am Ziel von Gottes Traum angelangt: Gott wird bei uns wohnen und wir werden sein Volk (Familie, Sippe, Stamm, Nation) sein.

Mich begeistert und fasziniert dieser Gedanke immer wieder von Neuem: Das Zentrum meines und unseres Glaubenslebens ist die liebevolle Umarmung eines wunderbaren Abba-Vaters!

Der Himmel neigt sich tief herab. Gottes Realität berührt unseren blauen Planeten. Wie ein Fuß- oder Fingerabdruck Gottes aus der Ewigkeit, so hinterlässt der unsichtbare Gott in Raum und Zeit seine Spuren. In allen Religionen der Welt halten die Völker Ausschau nach solchen Fingerzeigen des Himmels: Pyramiden, Höhlenmalereien, Steinkreise bieten dafür Beweis. Israel findet die Spur seines Gottes in einem Zelt, in einem Tempel. Fast 1000 Jahre lang wird dies das religiöse Zentrum ihres Glaubens sein. Nach ihrem Verständnis wohnt hier der unsichtbare Gott sichtbar, greifbar, nahe unter seinem Volk. Und dann kommt Jesus und räumt mit falschen Vorstellungen und Lügengebäuden auf.

Wir haben einen Gott und Vater, der nicht an Häuser aus Stein gebunden ist; den man nicht in eine Box einsperren kann. Unser lebendiger Gott geht durch Mauern, läuft über Wasser und zerreißt den Vorhang zum Allerheiligsten. Nicht wir können ihm ein Haus bauen – so wie David und Salomo es gerne getan hätten – er baut uns ein Haus; er schenkt uns ein Zuhause. Willkommen daheim! In den Armen seiner Vaterliebe werden wir das wahre Leben finden.

- Weg, Wahrheit, Leben: Drei Zugänge, drei Bereiche, drei Personenseiten Gottes. Welche Seite Gottes (Jesus, der Heilige Geist, Vater) ist Dir am vertrautesten?
- Wo, in welchem Raum, befindest Du Dich auf Deiner Reise näher an Gottes Herz?
- Hast Du den Schlüssel zum Herzen Gottes entdeckt? Wie würdest Du ihn mit Deinen eigenen Worten beschreiben?

TEIL III:

DAS LEBEN

Es ist sehr unterschiedlich, was die Menschen mit
Leben verbinden.
Für die einen ist es das harmonische Zusammen-
leben in einer Beziehung oder Familie.
Jemand anderes verbindet Erfolg, Geld und Be-
rühmtsein damit.
Für sehr viele Leute auf der Welt bedeutet Leben:
einfach nur Überleben.
Durch den Glauben erhält das Wort Leben eine
ganz neue Dimension.
Gott kennen, heißt Leben!
Bei ihm ist das wahre Leben zu finden.

KAPITEL 11:

WILLKOMMEN IM VATERHAUS

Im Laufe der letzten fünfzehn Jahre wurden wir immer wieder gefragt, was denn so entscheidend neu daran sein soll, dass Gott unser liebender Vater ist. Das gehöre doch wohl eher zum Anfängerwissen im Reich Gottes. Manches Mal wurden wir geradezu von Mitchristen belächelt, die meinten, es besser zu wissen. Jemand fragte mich herausfordernd: „Was? Du bist immer noch an diesem Vater-Ding dran?! Hast Du Dich denn in den letzten Jahren gar nicht weiterentwickelt?!" – Oftmals kommt dann noch ein mitleidiger Blick hinterher: „Na ja, wenn ihr das mit dem Papa-Gott und den Kuschel-Herzen nötig habt, dann macht mal schön weiter. Eure verwundeten Herzen brauchen das dann wohl noch!" – Den absoluten Knaller landete ein Pastor, als er meinte, er und seine Mitarbeiter benötigten diese Vater-Botschaft nicht mehr. Sie seien da schon weiter und dem „entwachsen". – Das wäre genauso kurzsichtig, als wenn ich sagen würde: „Ich brauche die Sache mit dem Kreuz Jesu nicht mehr, denn ich habe ja schon einmal Vergebung empfangen und bin jetzt zu groß dafür und dem ‚entwachsen' ...!"

Bei Abba-Vater ist das Leben zu finden. Jesus und der Heilige Geist bezeugen das. Sie führen uns ans Herz eines liebenden Vater-Gottes. Sie bringen uns nach Hause. Denn nur dort werden wir das echte Leben aus Gott finden können. Ein völlig neuer Lebensraum öffnet sich vor uns. Darum ist die Offenbarung von der Vaterliebe so existenziell wichtig für alle Menschen – und auch für alle Christen!

Das Leben im Allerheiligsten unterscheidet sich völlig von der Form von Christsein, die den meisten von uns normal erscheint, weil wir bisher mehr (oder fast ausschließlich) im Vorhof oder im Heiligtum gelebt haben. Oder in der Welt, draußen vor der Tür. Dabei sind wir aber für dieses Leben in der Liebe des Vaters geschaffen worden. Das ist unser wahres Zuhause, im Vaterhaus seiner Liebe. Das ist die Heimat, nach der wir uns immer gesehnt haben (oder nach der wir immer noch Ausschau halten, wenn wir nicht am Herzen des Vaters angekommen sind).

Wer vor dem Vorhang lebt, für den sieht das Leben mit Gott etwa folgendermaßen aus:

Zum Beispiel: das Bibellesen.

Ich sehe viele Mitchristen, die haben eine super Bibel-App, die alles für sie in der Bibel findet; andere lesen geniale Andachtsbücher, geschrieben von Giganten des Glaubens, die die Leser an ihren großartigen Gotteserfahrungen und tief gehenden, biblischen, gigantischen Erkenntnissen gnädigerweise teilhaben lassen; andere wiederum häufen eine Menge Spezialwissen zu Spezialgebieten spezieller Sondererkenntnisse an; und dann gibt es noch diejenigen, die aus gewohnheitsmäßiger Routine Losungen und Bibellesepläne täglich hervorholen ...

Wer liest die Bibel bitte schön einfach nur so – weil ihre Worte die Worte unseres liebenden Vaters sind; geschrieben aus einem Herzen voller Liebe für seine Kinder; weil wir so verliebt in ihn sind, dass wir unbedingt hören wollen, was sein Herz uns zu sagen hat?! Noch ein anderes Beispiel: Gottes Stimme hören.

In manchen Teilen des Leibes Jesu wird es „Hörendes Gebet" genannt, in anderen „Prophetie" – wie dem auch sei. Es geht jedenfalls darum: Was will Gott mir sagen? Christen stehen auf Konferenzen Schlange und warten geduldig lange Zeit, um ein individuelles, prophetisches Segnungsgebet von jemandem zu bekommen. Wer eine persönliche Prophetie von einem „gesalbten" Sprecher erhält, der hat das große Los gezogen. Höre es bitte richtig: Ich mache mich keineswegs darüber lustig – schließlich dienen auch wir oftmals in ähnlicher Form. Aber ich weise die Menschen immer wieder darauf hin: Der Vater will am liebsten mit seinem Kind persönlich sprechen! Denn jedes Kind Gottes kann lernen, immer besser auf Vaters Stimme zu hören. Prophetische Worte durch andere Geschwister können und sollen dann noch gerne ergänzend dazukommen. Es macht solch eine Freude, wenn andere Leute im Geist bestätigen können, was Du selbst bereits vom Vater empfangen und gehört hast!

Kennt ihr den Film „Das Leben der Anderen"?

Mir gefällt der Titel. Denn genau das ist unser Problem, hier draußen auf der anderen Seite des Vorhangs. Darauf will ich hinweisen. So viele Christen leben das Leben der anderen (Mit-Christen) – aber nicht ihr eigenes Leben, für das der Vater sie als Original geschaffen hat!

Es mag hilfreich sein, was Du in einem guten christlichen Buch gelesen hast (auch ich schreibe Bücher, um andere auf ihrem Weg mit Gott zu inspirieren und zu ermutigen). Du kannst durch eine Fernsehpredigt megamäßig gesegnet und „geflasht" worden sein. Ich freue mich mit Dir, wenn Du in der besten Gemeinde der Welt unter der besten Leiterschaft des besten Pastors die beste Vision mitlebst. Gratulation, wenn Du auf der krassesten internationalen Heilig-Geist-Erweckungs-Bibelschule noch ein

Plätzchen erheischen konntest. – Aber bitte, bitte, bleib nicht draußen vor der Tür. So wie der ältere Bruder im Gleichnis aus Lukas 15. Der Vater verlässt das Fest und geht auch ihm entgegen. Er lädt ihn herzlich ein, hereinzukommen. Denn drinnen spielt das wahre Leben!

Bitte gib Dich niemals zufrieden mit dem „Leben der anderen"! Wer so lebt, wäre nur eine billige Kopie. Aber Du darfst das wertvolle Original sein! Die beste Version Deiner selbst. Wer durch den zerrissenen Vorhang eintritt, der wird das wahre Leben finden in den Armen seines himmlischen Abba-Vaters. Ja, Du betrittst einen neuen Lebensraum!

Können Deine Augen es sehen? – Jesus Christus hat den Weg frei gemacht. Der Heilige Geist lockt, wirbt und zieht uns an Seilen der Liebe. Abba-Vater kommt uns entgegen, holt uns dort ab, wo wir stehen geblieben sind, und lädt uns ein, hereinzukommen.

- Wie sieht dieser nächste Schritt aus?
- Wie macht man das konkret – eintreten ins Leben beim Vater?!
- Was können oder sollen wir dazu beitragen?

HERZLICH WILLKOMMEN IM VATERHAUS DER LIEBE GOTTES

Mit diesen Worten habe ich, als ich selbst noch Pastor einer Gemeinde war, jahrelang Woche für Woche den Gottesdienst eröffnet. Das waren für mich (und viele in der Gemeinde) nicht nur ein paar nette Floskeln zu Beginn. Mit diesen Worten verbinde ich – und mittlerweile auch viele andere Christen – ein ganz konkretes Lebensgefühl. Wir durften zu Abba-Vater nach Hause kommen.

In den Siebzigerjahren des letzten Jahrhunderts fand ich zum Glauben an den lebendigen Gott. Zu Beginn dieses Buches habe ich ein wenig von dieser Entdeckung berichtet. Das war für mich absolut lebensverändernd. Meine „Bekehrung" brachte solch einen tiefen Einschnitt in meinen Alltag, dass ich künftig die Welt mit anderen Augen sah. Oder besser gesagt: Erst jetzt konnte ich überhaupt richtig sehen, was ich vorher gar nicht wahrnehmen konnte. Genauso wie es im Lied „Amazing grace" beschrieben wird: „I once was blind but now I see" – „Einst war ich blind, aber jetzt sehe ich!" Der gute Geist Gottes hatte mir die Augen meines Herzens geöffnet. Wer das selbst erlebt hat, weiß, wovon ich hier schreibe. Und wer das noch nicht erfahren hat, dem will ich Mut machen: Suche bitte weiter nach dem echten Leben! Es lohnt sich! Du wirst es bei Jesus Christus finden.

In jenem besagten Zeitfenster damals machten viele junge Menschen in Deutschland – und auch weltweit – die gleiche atemberaubende Entdeckung: „Er lebt! Jesus lebt wirklich! Ich kann ihm begegnen!" Das war die sogenannte „Jesus-People-Zeit". Ich erlebte die letzten Ausläufer dieser erwecklichen Periode jüngster Kirchengeschichte hautnah mit und war selbst ein Teil davon. Das war eine echt heiße Zeit! Wir wurden Augenzeugen, wie Hunderte von jungen Menschen Christus-Nachfolger wurden, und erlebten unzählige Wunder durch Gottes Hand. Wenn ich jetzt zurückblicke, muss ich leider resümieren, dass viele dieser Jesus-Anhänger heute nicht mehr mit ihm leben oder aber auf dem Weg der Nachfolge falsch abgebogen sind. Wie konnte das nur geschehen?!

Um im Bild des Tempels zu sprechen: Wir sind nie bis ins Allerheiligste gelangt. Wir wurden zwar aus der Macht der Sünde gerettet, aber wir kamen nicht nach Hause, in die Arme des liebenden Vaters! Zuerst ging es um Buße, Jüngerschaft, einen heiligen Lebensstil und Hingabe. Später drehte sich die ganze geistliche Ausrichtung um Dienen, Mission, Rettung verlorener Seelen, Gemeindeaufbau – Mitarbeit. Wir machten und taten alles für Jesus oder für den Vater. Aber nicht *mit* dem Vater! Das ist der große Unterschied. Wir waren im Vorhof zu Hause und bestenfalls im Heiligtum. Wir sahen zwar den Vorhang, auf dem „Leben" stand, aber wir betraten nicht den Raum dahinter. Wir dachten, wir hätten bereits das geistliche Leben im Reich Gottes kennengelernt. Mehr gab es anscheinend nicht. Mancher, dem dies „fromme Leben" viel zu anstrengend wurde, ging enttäuscht zurück in die Welt und suchte dort weiter nach dem wahren Leben. Dabei hätten wir nur einen Schritt weiter gehen müssen!

Jedoch wie geht man diesen Schritt ganz praktisch?

Der Weg ist frei und der Vorhang ist zerrissen. Jesus hat alles für uns getan, damit wir nach Hause kommen können. Da ist es gut, wenn wir noch einmal einen Blick auf Lukas 15 werfen. Hier entfaltet uns Jesus, unser Meister und Herr des Lebens, den Masterplan Gottes:

„Jesus sprach aber zu ihnen dieses Gleichnis ..."
    Lukas 15,3

Jesus erzählte hier nicht drei Gleichnisse, sondern nur eines! Das machte er in guter orientalischer Tradition mit Spannungsaufbau. Drama, Baby, die Spannung muss steigen! Wir hören *ein* Gleichnis in drei Episoden aufgeteilt, mit *einer* Botschaft dahinter. Unser Gott scheint die Einteilung in drei Abschnitten irgendwie zu lieben, wie wir bereits beim Tempel sahen. Vielleicht hat es ja etwas mit der Dreieinigkeit seines Wesens zu tun – Vater und Sohn und Heiliger Geist!

Teil I: Die Geschichte vom verlorenen Schaf

Hier steht der *gute Hirte* im Mittelpunkt. Er sucht das eine von hundert Schafen, das sich verirrt hat – so lange, bis er es gefunden hat, und bringt es nach Hause. Eins von hundert, das ist ein Prozent Verlust.

Teil II: Die Geschichte vom verlorenen Goldstück

Hier steht *die Frau* im Mittelpunkt. Sie hat ein Goldstück, eine Drachme, von ihrem Brautpreis verloren. Sie besitzt jetzt nur noch neun andere. Aber ohne das fehlende Geldstück kann sie nicht heiraten. So sucht sie zusammen mit ihren Freundinnen so lange, bis sie es gefunden hat. Eins von zehn, das sind zehn Prozent Verlust.

Teil III: Die Geschichte von den verlorenen Söhnen

Hier steht *der Vater* im Mittelpunkt. Seine beiden Söhne leben nicht wirklich bei und mit ihm. Der jüngere Sohn sucht das Leben in dem, was die Welt ihm anbietet. Der ältere Sohn dient zwar im Haus des Vaters, aber er kommt nicht herein. Beide kennen das Herz ihres Vaters nicht. Zwei Söhne, beide sind verloren, jeder auf seine Art. Zwei von zwei, das sind hundert Prozent Verlust.

Betrachten wir diese drei Abschnitte zusammen, dann fällt auf: Die Spannung steigt von Mal zu Mal. Es wird immer enger. Aber am Schluss wird jeweils ein Fest gefeiert, weil das Verlorene wiedergefunden wurde. Es gibt ein Happy End. Der dreieine Gott sucht uns so lange, bis er uns nach Hause bringen kann.

Wir wissen, wer der *gute Hirte* ist – das ist unser Jesus, der hingeht und das Verlorene sucht. *Die Frau* steht für den Heiligen Geist. Ich erinnere daran, dass Ruach im Hebräischen ein feminines Wort ist. Gott hat auch eine feminine Seite. Wenn es um die Brautgemeinde geht, werden wir alle etwas feminin. Der Heilige Geist sucht so lange das Verlorene, bis wir bereit sind zum Hochzeitsfest. Und *der Vater*, das ist ein Bild für unseren himmlischer Abba. Er geht seinen Söhnen nach und läuft ihnen entgegen, um sie nach Hause zu holen, in seine liebende Umarmung. Zum Schluss geht es darum, einzutreten ins Vaterhaus seiner Liebe. Das ist das Ziel! Hier wird das Fest des Lebens gefeiert.

> *„Und sie fingen an, fröhlich zu sein."*
> Lukas 15,24

Es steht nirgendwo, dass sie jemals aufgehört hätten, das Leben zu feiern!

Es ist der dreieine Gott höchstpersönlich, der nach uns sucht und nicht eher aufhören wird, bis er uns gefunden hat. Dann bringt er uns nach Hause. Er trägt uns über die Schwelle, so wie der gute Hirte das Schäfchen Nummer 100, so wie der Bräutigam die Braut, so wie ein Vater seine müden Kinder. Und was ist unser Part dabei? – Die Antwort lautet: mitmachen, es uns gefallen lassen, uns finden lassen, uns tragen lassen, uns umarmen und küssen lassen, uns einladen und hineinführen lassen – uns lieben lassen!

Das hört sich einfacher an, als es tatsächlich in der Umsetzung ist. Denn bei vielen von uns sitzen die Lügen und falschen Prägungen so tief: „Gott lässt sich nichts schenken!" – „Er tat alles für Dich, was tust Du jetzt für ihn?!" – „Hilf Dir selbst, dann hilft Dir Gott!" – „Nichts als Müh und Arbeit ist das Leben!" – „Am Schluss bist Du doch allein und musst alles selbst machen!" – „Werde ja nicht sentimental; Liebe ist nur etwas für Schwächlinge!" – „Schau Dich an, Du bist ein Versager und schaffst es nie!" – „Gott kann dich nicht gebrauchen. Als die Gaben und Talente verteilt wurden, hat man dich wohl vergessen!" ... Umgeben von dieser „Wolke falscher Zeugen" bleiben wir lieber draußen vor der Tür stehen. Auf der anderen Seite, wo Anerkennung durch Leistung und Erfolg sich in den Vordergrund drängeln.

Es ist bestimmt kein Zufall, dass dieser Lebensraum beim Vater für uns alle erst zugänglich wurde, als das Leben Jesu zerriss. Das Sterben Jesu brachte das Leben des Himmels hervor. Gott sei Dank brauchen wir nicht mehr physisch zu sterben, um ins Allerheiligste hineinkommen zu dürfen – wohl aber bleiben uns geistliche Sterbeprozesse nicht erspart.

> *„Denn wer sein Leben retten will, wird es verlieren; wer aber sein Leben verliert um meinetwillen, wird es finden."*
> MATTHÄUS 16,25

> *„Aber was auch immer mir Gewinn war, das habe ich um Christi willen für Verlust gehalten; ja, wirklich, ich halte auch alles für Verlust um der unübertrefflichen Größe der Erkenntnis Christi Jesu, meines Herrn, willen (...) um ihn und die Kraft seiner Auferstehung und die Gemeinschaft seiner Leiden zu erkennen, indem ich seinem Tod gleich werde ..."*
> PHILIPPER 3,7-11

Ich nenne das „den Weizenkorn-Glauben", in Anlehnung an die Worte Jesu aus Johannes 12,24:

„Wahrlich, wahrlich, ich sage euch: Wenn das Weizenkorn nicht in die Erde fällt und stirbt, bleibt es allein; wenn es aber stirbt, bringt es viel Frucht."

Das ist die gute Nachricht für uns: Schwere Zeiten mit Problemen, Krisen, Zerbruch und Scheitern müssen nicht umsonst sein. Es mag sich anfühlen wie sterben. Womöglich stirbt da wirklich etwas in uns. Unser Stolz wird abgelegt. Unsere eigenen Kräfte kommen an ein Ende. Wir wissen weder ein noch aus. Es ist um uns her so dunkel geworden wie in einem Grab. Wie beim Weizenkorn, das in die Erde fällt und stirbt. Alles fühlt sich kalt und tot an. Genau solche tiefen Zeiten führen uns tiefer hinein in den Raum des Lebens, hinter den zerrissenen Vorhang. Wenn uns das eigene Leben um die Ohren fliegt, werden wir offener für das Leben aus Gott!

Jemand fragte mich besorgt: „Ja, muss man denn erst ein Burnout haben oder muss es einem erst richtig schlecht gehen, damit man die Liebe des Vaters erleben kann?!" – Nein, natürlich nicht! Unser Abba-Vater kommt immer zuerst mit Gnade, Liebe und Güte in der Tüte!

Leider ist es aber in vielen Situationen so, dass die Segnungen Gottes uns nicht wirklich weiterbringen oder tiefer an sein Herz führen. Da erlebt jemand eine körperliche Heilung oder eine materielle Versorgung, und anstatt nun die Freundschaft mit Gott zu feiern und zu intensivieren, ist derjenige nur fixiert auf noch mehr Wunder. Das ist das alte religiöse Spiel: Wir suchen Gottes Hände (das sind seine Segnungen), aber wir suchen nicht sein Angesicht (das ist seine Person und sein Herz). Gerade wenn wir durch schwere Zeiten gehen und uns selbst schwach fühlen, hat Gottes Liebe eine noch größere Anziehungskraft auf uns. Schwachheit ist ein Stück Sterben. Wie ein Hinübergleiten kommen uns solche schmerzhafte Grenzerfahrungen vor. Wir geben alles ab und lassen alles los. So wird es auch einmal in der letzten Sekunde unseres irdischen Lebens sein. Doch Gottes Vaterliebe ist stärker als der Tod und mächtiger als alles, was uns das Leben rauben will!

Der zerrissene Vorhang soll uns daran erinnern: Dort, wo wir denken, alles sei zu Ende, fangen Abbas Möglichkeiten erst an!

> *„Gott sagt: ‚Meine Gnade genügt dir, denn meine Kraft kommt in Schwachheit zur Vollendung.' Sehr gerne will ich mich nun vielmehr meiner Schwachheiten rühmen, damit die Kraft Christi bei mir wohne. Deshalb habe ich Wohlgefallen an Schwachheiten, an Misshandlungen, an Nöten, an Verfolgungen, an Ängsten um Christi willen; denn wenn ich schwach bin, dann bin ich stark."*
> 2. KORINTHER 12,9-10

Um es noch einmal klar zum Ausdruck zu bringen: Wir sollen und müssen nicht erst das Leiden suchen, um dem Himmel näher zu kommen. Das wäre eine kranke Vorstellung und Verdrehung des Lebens mit Gott. Aber unser Vater im Himmel kann alle Widrigkeiten unseres Lebens nehmen und daraus einen Weg schaffen, um uns in die Fülle seines Lebens zu führen. Abba nimmt die Hindernissteine, die Dir in den Weg gelegt wurden. Er bearbeitet sie, formt sie um, setzt sie passend aufeinander und baut daraus eine Treppe, die Dich höher, weiter und tiefer führen wird als je zuvor. Hinein in seine Gegenwart und Herrlichkeit. Hinein in den Raum des Lebens!

„Fürchte dich nicht, denn ich habe dich erlöst! Ich habe dich bei deinem Namen gerufen, du bist mein. Wenn du durchs Wasser gehst, ich bin bei dir, und durch Ströme, sie werden dich nicht überfluten. Wenn du durchs Feuer gehst, wirst du nicht versengt werden, und die Flamme wird dich nicht verbrennen. Denn ich bin der Herr, dein Gott, ich, der Heilige Israels, dein Retter."

JESAJA 43,1-3

- Wenn Du das Gleichnis aus Lukas 15 auf Dich wirken lässt, wo entdeckst Du Dich selbst wieder? Was hast Du verloren oder wo fühlst Du Dich verloren? Wo stehst Du auf Deinem Weg?
- Kannst Du erkennen, mit welchen Motiven Jesus uns dieses Gleichnis erzählt? Sinne doch bitte einmal über die Tiefendimension seiner Worte nach; höre dahinter und erspüre Gottes Herzschlag für Dich!
- Gott (dem Hirten, der Braut, dem Vater) scheint es trotz allem sehr gut dabei zu gehen! Er hat keine Krise, wird nicht müde und gibt auch nicht frustriert auf. Was macht das mit Deinem eigenen Herzen, wenn Du das auf Deine momentane Lebenssituation überträgst?!

KAPITEL 12:

MEIN LEBENSRAUM BEIM VATER

Ich will noch einmal den Faden aufnehmen und zusammen-
fassen: Gottes Vaterherz geht es seit Anbeginn der Schöpfung
um eine innige, liebevolle, freundschaftliche Herzensbeziehung
zu seinen Menschenkindern. Der Ruf seines Herzens eilt durch
die Jahrhunderte: „Kommt zu mir nach Hause! Willkommen
im Vaterhaus!" Weil die menschengemachten Anstrengungen
nicht ausreichen, musste Papa selbst eingreifen. Die Geschichte Israels ist ein lebendiges Beispiel und Modell durch die Zeiten. Stiftshütte und Tempel bieten Anschauungsunterricht. Die
Glaubensväter haben uns davon erzählt. Die Propheten haben
es verkündet. Doch am klarsten zeigte sich die Liebe des Vaters
in Jesus Christus.

„Nachdem Gott vielfältig und auf vielerlei Weise ehemals zu den
Vätern geredet hat in den Propheten, hat er am Ende dieser Tage
zu uns geredet im Sohn, den er zum Erben aller Dinge eingesetzt
hat, durch den er auch die Welten gemacht hat; er, der Ausstrah-
lung seine Herrlichkeit und Abdruck (Charakter) seines Wesens
ist und alle Dinge durch das Wort seiner Macht trägt ..."
HEBRÄER 1,1-3

Jesus ist der einzigartige Sohn Gottes, der uns das Herz seines Vaters in vollkommener Harmonie der Herzen und Wesenseinheit offenbart. Im Sohn lebt der himmlische Vater; sein Charakter und sein Herzschlag werden sichtbar und berührbar. Was vor 2000 Jahren in Galiläa und Jerusalem geschah, als Jesus mit seinen Freunden innige Gemeinschaft lebte, war wie ein Stückchen Vorwegnahme, ein kleiner Vorschuss und Angeld auf die kommende Realität der Gemeinschaft *(koinonia)* im Heiligen Geist.

„Die Gnade (charis) des Herrn Jesus Christus und die Liebe (agape) Gottes (des Vaters) und die Gemeinschaft (koinonia) des Heiligen Geistes sei mit euch allen!"
2. KORINTHER 13,13

Der Apostel Johannes beschreibt in allen seinen Briefen und Büchern diese neue Einheit mit dem Vater und dem Sohn und dem Heiligen Geist. Er umschreibt es mit: „in der *agape*-Liebe bleiben". Er in uns und wir in ihm. Ähnlich spricht der Apostel Paulus in allen seinen Briefen über diese herrliche Realität von Gemeinschaft mit dem Himmel. Er findet die Worte dafür: „in Christus sein" – oder: „Christus in euch".

Neulich hörte ich ein schönes Gleichnis, welches diese Realität widerspiegelt: Ein Schwamm in einem Ozean ist gleichermaßen der Ozean im Schwamm. Aber ein Stein im Ozean ist immer nur ein Stein im Wasser – denn er ist hart und undurchlässig. Der Stein kann kein Wasser aufnehmen. Der Schwamm aber sehr wohl, denn ein Schwamm hat Löcher und Hohlräume.

So können auch wir nur mit weichen, zerbrochenen, offenen Herzen die Liebe des Vaters empfangen und in ihr gefunden werden. Steinharte Herzen werden nur äußerlich vom Mee(h)r der

Liebe des Vaters umspült, aber sie bleiben innerlich unverändert hart und trocken.

Jesus Christus kam, um den Ozean der Vaterliebe Gottes über unserer Welt auszuschütten. Am Kreuz von Golgatha wurde die ganze Menschheit in dieses Meer der Liebe hineingetauft. Mehr konnte er uns nicht lieben. Mehr geht einfach nicht!

„Die Liebe Gottes (agape des Vaters) ist ausgegossen in unsere Herzen durch den Heiligen Geist, der uns gegeben worden ist."
RÖMER 5,5

Wenn jemand im Orient nach Hause kam oder das Zuhause eines Gastgebers und Freundes betrat, wurde er zur Begrüßung gewaschen. Man wusch die Füße vom Staub und Schmutz der langen Reise. Wir erinnern uns an den Meister im Obergemach, wie er seinen Jüngern die Füße wusch (Johannes 13). Jemand kam und goss reines, klares Wasser über Hände und Gesicht, zur Reinigung und zur Erfrischung. Oftmals wurden anschließend Duftöle ausgegossen und verströmten ihre wohltuenden Aromen im ganzen Haus. Das Haupt wurde gesalbt, wie wir es in Psalm 23 lesen. Auch die Geschichten von den Frauen, die Jesus die Füße wuschen und salbten, erinnern uns an diesen Brauch. Bunte Festgewänder, die man extra für diese besonderen Gelegenheiten kostspielig angefertigt hatte, wurden dem Heimgekommenen überreicht und angezogen. Das erinnert an die Heimkehr des „verlorenen jüngeren Sohnes" in Lukas 15. Festliche Lichter und Feuer wurden entzündet. Musikanten spielten auf zum Tanz. Männer und Frauen, Alt und Jung fasten sich an den Händen und wiegten sich im Klang der Melodien und Rhythmen. Wir lesen davon in den Psalmen Israels. Schließlich wurde das Festessen aufgetragen. Das gemeinsame Mahl war der Höhepunkt. Die Tischgemeinschaft als Gleichnis für Nähe, miteinander teilen, beieinandersitzen oder -liegen und grenzenlos Zeit haben zum Gespräch. Die Feste in Israel gingen gewöhnlich über Tage. Es war kaum vorstellbar, dass je zu wenig Nahrung oder Getränke vorhanden sein könnten – der Normalfall war Überfluss! Was bei der Hochzeit zu Kana geschah (dass der Wein ausging), war höchst ungewöhnlich. Aber dieser Notfall wurde zum Glücksfall. Denn so machte unser Meister Wasser zu Wein. Beim Abendmahl trinken wir heute immer noch von diesem Wunderwein seiner Nähe.

All das ist nur ein ganz schwacher Schatten von dem, was passiert, wenn Jesus uns zum Vater nach Hause führt. Das Fest des Lebens, die Party bei Vati, ist unvergleichlich mehr!

- Vielleicht möchtest Du Dir jetzt gerade einen Moment Zeit nehmen und darüber nachdenken und dem nachspüren ...? Nimm doch die orientalische Gastfreundschaft als gutes Beispiel.
- Wie sieht das wohl aus, wenn Du zum Vater nach Hause kommst?
- Welche Freudentänze, Freudensprünge und Aufführungen seiner Begeisterung erwarten Dich da?
- Welche Worte wird er für Dich finden? Was ist ihm wichtig, Dir in diesem Augenblick zu sagen? – Willst Du Dir das mal in Ruhe aufschreiben?!
- Mit welchem Blick begegnet er Dir? Wie ist die Atmosphäre? Wonach riecht es, was fällt Dir beim Anblick besonders auf?
- Gibt es etwas, was Du Dir von ihm zur Begrüßung ganz speziell wünschen würdest? Sag es ihm in Deinem Herzen!

Bei Abba-Vater findest Du das Leben! Jesus hat alles vorbereitet. Er hat Leben im Überfluss und Hochgenuss für seine Freunde, für die Kinder seines Vaters. So wie beim letzten Abendmahl der Tisch bereits gedeckt war in einem wohligen Raum mit bequemen Polstern. So wie am See Genezareth, als die frustrierten Jünger wieder mal nach einer langen Nacht nichts gefangen hatten. Aber dann tauchte der Meister auf und mit ihm kam die Fülle. Als ihre Boote am Strand landeten, mit zum Bersten gefüllten Netzen, wartet schon ein echtes Männerfrühstück auf sie. Jesus hatte es längst für sie vorbereitet.

Alles ist vorbereitet! Auch für Dich! Auch für mich!

Wenn Du nach Hause kommst, wenn Du diesen Lebensraum im Allerheiligsten betrittst, wartet dort der Vater bereits auf Dich und alles ist vorbereitet. Er wartet und erwartet uns!

Nie werde ich vergessen, was mir der Vater damals im Raum der Begegnung in seinem Vaterherzen zum ersten Mal geschenkt hat. Mein Gebet war (so wie Mose es auch gebetet hatte): „Herr, zeige mir Deine Herrlichkeit!" Abba kam und zeigte mir ein bisschen von den Dimensionen seines Vaterherzens. Oder genauer gesagt, er fing damit an und hört seitdem nicht mehr damit auf. Auf einmal konnte ich Worte in meinem Inneren wahrnehmen, die er liebevoll zu mir spricht. Ich fing an, geistliche Bilder und Beispiele visionär zu schauen. Ich lernte die Gegenwart Gottes kennen wie nie zuvor. Sie ist mir das kostbarste Geschenk auf Erden geworden. Dafür lohnt sich alles. Das ist mein Stück Ewigkeits-Zuhause im Hier und Heute. Seine Liebe gießt er wie flüssiges Gold in mein Herz. Jeden Tag und jedes Jahr darf ich noch so viel mehr Kostbarkeiten und Schätze bei ihm finden und entdecken. Seine *Agape*-Liebe ist wie ein endlos weites Meer; wie eine Galaxie mit unzählbar vielen Sternen. Sie ist und bleibt das Größte! Wir werden niemals an ein Ende kommen, dieses Vaterherz voller Liebe gänzlich zu erfassen! Ja, das Allerheiligste ist nicht nur ein Raum, es ist ein ganzes Universum voller Leben, ein ganzer Himmel voller Herrlichkeit. Hier berührt der Himmel die Erde. Hier berührt das unsichtbare Königreich Gottes Zeit und Raum. Hier ist der Anfang vom Ende der Liebesgeschichte Gottes: Gott wird bei (unter, mit) uns wohnen und wir werden sein Volk sein, seine Familie! Für alle Ewigkeit!

- Was bedeutet Gottes Gegenwart für Dich? Wie erlebst Du sie?
- Versuche bitte mal zu beschreiben, woran Du Gottes Nähe festmachst und wie Du sie wahrnimmst.
- Ist das eher ein Gefühl oder wie äußert sich das für Dich?
- Gibt es objektive Kriterien oder ist das eine rein subjektive Angelegenheit?

Es ist nie wichtiger, etwas für Gott zu tun, als ganz nahe bei ihm zu sein! Das ist die schöne Aussicht, wenn wir hinter dem Vorhang angekommen sind und aus dem Allerheiligsten heraus leben.

Wahrscheinlich würden sogar eine Menge Christen mit dieser Aussage übereinstimmen. Aber nach meiner eigenen Erfahrung sieht das „normale Christenleben", das wir im Vorhof oder Heiligtum kennengelernt haben, in der gelebten Praxis komplett anders aus. Die meisten Predigten, die ich in meinem Leben bis dato gehört (oder auch selbst gehalten) hatte, handelten davon, wie wir das Reich Gottes effektiver/gesegneter und erfolgreicher voranbringen können: durch mehr Hingabe, weniger sündigen, die eigene Berufung ergreifen und umsetzen, ... und vieles andere mehr auf der Tun-Seite.

Vielleicht hält sich ja auch deshalb unsere Gottes-Anrede: „Herr, Herr!" so hartnäckig, weil wir immer noch in unseren Herzen einem Dienstverhältnis nachhängen. Jesus ist der Herr – und wir sind die Knechte, oder moderner gesagt: die Mitarbeiter! Haben wir so schnell vergessen, was unser Meister uns gesagt hat?!

„Ich nenne euch nicht mehr Sklaven, denn der Sklave weiß nicht, was sein Herr tut; euch aber habe ich Freunde genannt, weil ich alles, was ich von meinem Vater gehört, euch kundgetan habe!"
JOHANNES 15,15

„Nicht jeder, der zu mir sagt: ‚Herr, Herr!', wird in das Reich der Himmel hineinkommen, sondern wer den Willen meines Vaters tut, der in den Himmeln ist. Viele werden an jenem Tag zu mir sagen: ‚Herr, Herr! Haben wir nicht durch deinen Namen geweissagt und durch deinen Namen Dämonen ausgetrieben und durch deinen Namen viele Wunderwerke getan?' Und dann werde ich ihnen bekennen: ‚Ich habe euch niemals gekannt ...'"
MATTHÄUS 7,21-23

Im Vaterhaus der Liebe Gottes, da geht es einzig und allein um das Sein vor ihm – das Leben an seinem Herzen, in seiner Gegenwart. Aus dieser Präsenz Gottes heraus entwickelt sich alles andere. Um einem möglichen Missverständnis von vornherein vorzubeugen: Ich propagiere keineswegs eine Anti-Haltung zum geistlichen Dienst und Dienen. Mein Anliegen ist lediglich, zu zeigen, dass sich das Leben bei Abba im Allerheiligsten gänzlich anders gestaltet.

Sicherlich sind uns die Worte Jesu vertraut, wo er sagt, dass er nichts ohne den Vater tun kann (Johannes 5,30); dass er sogar nur das tut, was er den Vater tun sieht (Johannes 5,19) – und dass er auch nur das weiterzusagen hat, was er vorher beim Vater gehört hat (Johannes 8,28). Diese tiefe kindliche Abhängigkeit des Sohnes soll unser Vorbild in allem sein. Deshalb erinnert uns der Sohn daran, dass auch wir nichts ohne ihn tun können (Johannes 15,5), aber mit ihm zusammen alles vermögen (Philipper 4, 13)! Folglich ist Tun bei Gott wichtig!

Das Leben im Vaterhaus ist also keineswegs ein faules „Rumchillen und Abhängen". Ich kenne niemanden, der so produktiv und intensiv gelebt hat wie der Sohn Jesus. Er war so fleißig und so viel unterwegs. Aber der große Unterschied bestand darin: Er lebte *mit* dem Vater, aber nicht für *die Sache* des Vaters (im Sinn eines Auftrags). Nicht seine Mission war seine erste Vision, sondern der Vater selbst in Person war seine Motivation und Quelle seiner Inspiration. In Johannes 6,57 sagt Jesus jenen kleinen, alles bestimmenden Satz: „Ich lebe für den Vater!" (wörtlich: um des Vaters willen, durch den Vater) – seine Vaterbeziehung ist die beständige Quelle seiner Kraft und Liebe. Im Vater ist der Schatz verborgen. Das Herz des Vaters ist die wahre Bundeslade mit all den herrlichen Geschenken darin. Wir dürfen bei Abba auf dem Schoß sitzen und Gnade um Gnade, Geschenk um Geschenk empfangen, auspacken, genießen und weiterfließen lassen.

Auf diese Weise macht Dienen wieder Spaß, denn wir leben aus dem Überfluss heraus und arbeiten nicht mehr länger aus dem Mangel.

Seit Jesus mich hinter den zerrissenen Vorhang ins Vaterhaus geführt hat, hat mein Leben erst richtig begonnen. Das war solch ein tiefer Einschnitt in meiner persönlichen Biografie – wie eine zweite Bekehrung; wie der Start in ein neues Leben! Ich habe es oft verglichen mit dem Unterschied zwischen Schwarz-Weiß-Fernsehen und Farbfernsehen; wie zwischen analog und digital ... und was soll ich sonst noch an Beispielen anführen?! Endlich bin ich nach Hause gekommen!

In diesem neuen Raum des Lebens beim Vater muss ich mich von vielen erlernten Wegen, von Methodischem und Strategischem, was vor dem Vorhang womöglich noch halbwegs funktionierte und in Ordnung schien, trennen. Vieles Alte riecht und schmeckt mir auf einmal zu stark nach dem Baum der Erkenntnis. Wer sich, im übertragenen Sinn, vom Baum der Erkenntnis ernährt, der wird es immer wieder allein machen wollen. Darum muss er wissen, was gut und richtig und was falsch ist – um es dann selbst in die Tat umzusetzen.

Das passt hier einfach nicht rein. Hier laufen die Uhren anders. Hier wirken andere himmlische Kräfte und Ordnungen. Ich will vom Baum des Lebens essen! Mit anderen Worten: Ich will klein werden, so wie Jesus klein geworden ist, völlig im Einklang mit dem Willen seines Vaters. Kindlich vertrauensvoll lerne ich zu sagen: Was weiß ich schon – ich vertraue nicht mehr länger auf meinen Verstand, meine Erfahrungswerte, mein Können oder meine Kraft – aber ich vertraue meinem Gott! Es macht sogar Spaß, nicht alles wissen zu müssen, überblicken zu können, oftmals keine Antwort zu haben – diese ganze Hingabe und dieser Lebensstil des Vertrauens sind bezeichnend für die Atmosphäre im Vaterhaus. Daraus erwachsen die schönsten Früchte, Geborgenheit, Zuversicht, Hoffnung, Herzensfriede, Lebensglück, geliebt leben!

Ich bin neugierig zu hören, wie es für Dich hinter dem Vorhang weitergeht! Wie mag wohl Dein Raum des Lebens beim Vater aussehen? Durch die Erfahrungen der letzten Jahre, in denen wir gesehen haben, dass viele geliebte Töchter und Söhne nach Hause gekommen sind, weiß ich, dass das sehr unterschiedlich sein kann. Wir sind alle Papas Lieblingskinder und Originale. Das Leben bei und mit ihm wird ebenso vielfältig und originell ausfallen. Da gibt es zum Glück keine einheitlichen Schablonen.

Im Folgenden möchte ich Dir drei unterschiedliche Freunde von mir vorstellen. Sie haben mir erlaubt, dass ich Dir etwas aus ihrem Raum des Lebens erzählen darf. Danke dafür an die drei! Ihre gelebten Beispiele wollen uns Anregung geben und Mut machen, uns auf die originelle Liebe des Vaters täglich neu einzulassen.

Die erste Person, die ich Dir vorstellen will, ist ein langjähriger, lieber Freund – ein äußerst begabter Lebenskünstler und wahrer Genießer im Vaterhaus der Liebe Gottes. Wir haben schon so manche glückliche Stunde gemeinsam in der Liebe des Vaters verbracht. Er ist mir ein inspirativer Ermutiger und kreativer Freudebereiter.

Typisch für ihn ist: Wenn er morgens aufwacht, dann steigt er aus dem Bett, streckt sich und erhebt beide Hände zum Himmel – ganz, ganz hoch und sagt laut: „Guten Morgen, Vater!" – danach breitet er die Arme nach rechts und links aus, als ob er eine unsichtbare Person umarmen würde, oder wie Christus am Kreuz, und sagt: „Guten Morgen, mein Jesus!" – und schließlich hält er die Hände über seinen Kopf und macht eine weit ausholende Bewegung nach unten, als ob er in die Luft ein Herz malen würde, und sagt dabei: „Guten Morgen, Heiliger Geist!" Mit dieser kleinen simplen körperlichen Übung (er nennt sie selbst: „Herzens-Wach-Kuss-Gymnastik") beginnt er jeden Tag; im Bewusstsein, dass der gute dreieine Gott mit ihm ist und über ihn wacht.

Mein Freund verriet mir weiter, dass jene Worte Gottes: „Du bist mein geliebter Sohn!" für ihn den großen Unterschied machen. Obwohl er schon von Anbeginn seines Christseins einen „guten Gott" kennengelernt hat, brachte diese Liebeserklärung Abbas den radikalen Unterschied für ihn. Ihm wurde bewusst: Gott meint mich ganz speziell und ist an mir höchstpersönlich interessiert! Diese Erfahrung der Liebe des Vaters öffnete sein Herz. Das Gefühl, geliebt zu sein von dem, der alles ohne Ausnahme in seiner Hand hält. Von jemandem, dessen Größe unbeschreiblich ist. Von dem mächtigsten König aller Könige und dem prächtigsten Herrn aller Herren. Und jetzt kommt es, es wird noch besser: „Geliebt zu sein von einem Gott und Vater, der mein Herz durch und durch kennt – und mich trotzdem sooooo liebt!"

Mein Freund ist nach Hause gekommen und lebt nun Tag für Tag in dieser grandiosen Liebe des Vaters. Als ich ihn neulich danach fragte, wie er das Lebensgefühl beschreiben würde, mit Abba im Raum des Lebens zusammen zu sein, sagte er mir:

„Abbas Wohnzimmer ist mit meinen Bildern geschmückt. Die Möbel und Accessoires passen genau zu mir und meinem Geschmack. Es erklingt Musik, die ich mag, und es riecht nach Speisen, die ich liebe. Dort ist Frieden und Geborgenheit, Freude und Gemütlichkeit. Das ist mein Zuhause, dort wohne und lebe ich gern. Ganz nahe am Vaterherzen Gottes!"

Als Nächstes will ich Dir eine wunderbare Freundin, eine tolle Frau Gottes, vorstellen. Ich sag immer Papas Engelchen zu ihr – denn das ist sie wirklich. Abba trägt sie auf Händen! Der Lebensweg, den meine Glaubensschwester schon bereits gegangen ist, weist viele tiefe Täler und hohe unbezwingbare Berge auf. Deshalb hat der Vater ihrem Glauben Flügel verliehen.

Wo sie in ihrem oftmals sehr herausfordernden und schweren Alltag keinen Schritt mehr allein weitergehen kann, da erhebt Abba sie und lässt sie über die Hindernisse durch seine Gnade „hinwegfliegen". Etwa wie in dem Spiel „Engelchen flieg", das Eltern mit ihren Kindern gerne spielen. Ein Kind befindet sich zwischen Mama und Papa und hält beide an den Händen. Jedes Mal, wenn ein Hindernis auf dem Weg auftaucht, rufen die Eltern „Engelchen, flieg" und ziehen das Kind sanft an den Armen nach oben; sie heben es so über alle Hindernisse hinweg.

Papas Engelchen hat mir berichtet:

> *„An meiner Arbeitsstelle habe ich ein Handschmeichler-Herz aus Holz in meiner Hosentasche. Dieses Herz erinnert mich immer daran, egal, was passiert: Der Vater ist immer bei mir! Manchmal muss ich das Herz nehmen, es drücken und sagen: Danke, Papa, dass Du ganz nah bei mir bist!*
> *In Stresszeiten ziehe ich mich an einen ruhigen Ort zurück (oft auf die Toilette) und dann atme ich ganz bewusst all die Hektik und Überforderungen aus – und atme Abbas Liebe neu ein!*
> *Zu Hause habe ich meinen Papa-Sessel. In dem sitze ich so gerne – wie bei Abba auf dem Schoß oder in seinen liebenden Armen. Und dann lasse ich mich von ihm lieben. Ich schreibe seine Liebesbriefe an mich auf und genieße seine Gegenwart. Es ist so schön, einfach sein zu dürfen. Hier, ganz nahe bei ihm!"*

Wie viele von uns, so kam auch Papas Engelchen aus religiöser Enge und Knechtschaft. Erst an Abbas Herzen fand sie die Liebe, nach der sie immer gesucht hatte:

> *„Das neue Leben mit Abba-Vater unterscheidet sich sehr stark von meiner alten Vergangenheit. Mein altes Leben war geprägt*

von dem Urteil: Es reicht nicht aus! Du musst perfekt sein! Du musst es allen recht machen! Du musst Dir Gottes Liebe verdienen! Du darfst dies nicht und jenes nicht! Der erhobene Zeigefinger Gottes war immer über mir ... Gebote und Verbote, mein ganzes Leben lang. Gott erschien mir unerreichbar fern. Eine Autorität, an die man nicht so nah herandurfte. Gott war der Erhabene und ich das kleine Würmchen. Heute sehe ich das ganz anders: Ich bin ein Kind Gottes! Ich bin Erbin! Ich brauche mir seine Liebe nicht zu verdienen. Ich darf Fehler machen! Gott ist mir ganz nah und will eine Herzensbeziehung zu mir. Mein Gott ist alltagstauglich! Er nimmt mich in die Arme. Er ist mein Vater, ich bin seine Tochter! Ich darf sein, so wie ich bin. Er liebt mich, wie ich bin. Er redet mit mir und zeigt mir in so vielen verschiedenen Facetten seine Liebe. Sein Blick über mir ist Liebe und bezeugt mir, dass er mich so ganz anders sieht, als ich mich selbst sehe. Papa ist ein Gentleman!"

Für sie ist die Liebe des Vaters ihr wahres Zuhause geworden.

Wenn Du meine Glaubensschwester nach ihrem Leben mit dem Vater fragst, wird sie Folgendes antworten:

„Bei Abba Leben finden, bedeutet für mich: Er hat die Fülle für mich. Alles, was Papa in mich hineingelegt hat, kommt von ihm. In mir sind seine Träume, Visionen, Gaben und Talente. Seine Liebe hat mir gezeigt, dass er das alles zu Entfaltung bringen möchte. Dazu braucht er mich. Immer wieder fragt er mich, ob er das eine oder andere beleben darf. Er nimmt mich hinein in Prozesse, in denen er mir immer wieder neu in unaussprechlicher Weise seine Liebe offenbaren will. Seine Liebe in so vielen verschiedenen Dimensionen kennenzulernen ist einfach obergenial, ist sensationell, ist tief berührend. Natürlich braucht er dazu meine Entscheidung, mein „Ja". Es gibt nichts, was ich lie-

ber tue, als ihm zu sagen: Ja, hier bin ich, tu mit mir, was Du willst. Mein Abba-Vater, ich liebe Dich so sehr. Hier ist mein Herz und alles, was mich ausmacht! – Meine Identität ist, Kind Gottes zu sein, in der Intimität empfange ich seine Liebe und alles, was darin für mich enthalten ist. Dann schickt mich Papa an den Platz, wo mein Auftrag ist (das ist dann die Autorität). Er ist immer da und er ist für mich und für mich und für mich. Ohne diese Liebe könnte ich mir gar nicht mehr vorstellen zu leben. Er ist mein Versorger, mein Daddy, mein Helfer, mein Beschützer … Er ist alles für mich. Seine Liebe trägt mich und begleitet mich durch mein Leben, durch all meine Stürme, durch Leid und Freude, durch Herausforderungen und durch meinen kompletten Alltag, durch Ruhezeiten, durch Schmerz und durch Heilung … und, und, und. Durch ALLES! Mein Herz ist tief erfüllt von seiner Liebe, und darin möchte ich den Rest meines Lebens leben. Das ist mein wahres geistliches Zuhause geworden!"

Zum Schluss nehme ich Dich noch mit zu einem meiner besten Freunde. Er ist in dem „anderen Deutschland" aufgewachsen. In der Freundschaft mit ihm erlebe ich ein ganzes Stück deutsche Einheit – nämlich eine Einheit der Herzen in der Liebe des Vaters. Er ist ein echter Herz-Bube! Er liebt Herzen in jeder Form – und das als Mann! (Halleluja, ich bin nicht mehr allein damit!)

Ich habe meinen Freund gefragt, wie er jeden Tag ins Allerheiligste kommt und ins Leben mit Abba eintritt. Hier seine Antwort:

„Jeden Morgen von 06:30 bis 07:30 Uhr lese ich die Bibel (zurzeit meistens in den Psalmen) und danach öffne ich mein Herz und meinen Geist für den Vater und seine Gegenwart und setze mich ganz bewusst seiner Liebe aus und lasse mich von ihm füllen.

Ganz oft am Tag spreche ich als Bekenntnis aus: Papa, du bist
so gut!
Wir haben auch viele Herzen in diversen Variationen in unserer
Wohnung, die mich immer an die Liebe Gottes, die er zu mir hat,
erinnern.
Ein rotes Plüschherz ist mein Kopfkissen. Wenn ich darauf liege,
stelle ich mir vor, am Herzen des Vaters zu liegen."

Nun weiß ich von meinem Herz-Bube-Freund aus persönlichen
Berichten und eigenem Miterleben, wie sich sein Leben drama-
tisch verändert hat, als ihm die Liebe des Vaters begegnet ist. Er
beschreibt es folgendermaßen:

„Es war eigentlich wie eine Auferstehung vom Tod ins Leben.
Mein altes Leben war sehr gesetzlich und anstrengend, pflicht-
bewusst und mit wenig Freude.
Jetzt habe ich ein neues Lebensgefühl von Abba-Vater geschenkt
bekommen. Mein Leben ist jetzt vor allem gekennzeichnet von
einem starken Vertrauen in die Güte Gottes.
Ich bin viel dankbarer geworden und nehme mir auch viel Zeit
zum Danken.
Ich kann mich über sehr vieles mit kindlicher Freude freuen.
Ich kann jeden Tag an der Hand von Abba durch das Leben gehen
und darf wissen, dass er mich niemals loslässt.
Ich lerne, Dinge an meinen himmlischen Papa abzugeben, und
vertraue ihm für eine Lösung. Ich kann viel besser loslassen.
Meine Identität ist einfach nur: ein Kind Gottes zu sein.
Der Vater ist nur gut – egal wie die Lebensumstände sind.
Ich muss niemanden mehr beeindrucken mit dem, was ich tue.
Ich lerne es, mich bei ihm zu bergen und suche Schutz bei ihm."

Hörst Du!? – Das sind die Worte eines gesegneten, geistlichen Leiters, der aber seinen Selbstwert nicht mehr länger über die Erfolge in seinem Dienst definiert, sondern sich mit neuen Augen entdecken lernt. Er sieht mit den Augen des Herzens. Herz ist Trumpf bei ihm geworden! Eine steilere Karriere als ein geliebtes Kind Gottes, des Höchsten, zu sein – die gibt es nicht!

Und noch einmal mein Freund im Originalton:
„Mein Leben ist jetzt stark von Geborgenheit und Vertrauen geprägt.
Ich lebe in einer großen inneren Freiheit und habe Herzensfrieden.
In mir brennt der Wunsch, diesen Schatz noch mit vielen anderen zu teilen.“

Wer so zu Hause ist in der Liebe des Vaters, der lebt in diesem neuen Lebensraum.

- Kannst Du die Schlüssel zum Herzen Gottes benennen, die meine drei Freunde jeder für sich persönlich unterschiedlich und doch irgendwie gemeinsam verbindend gefunden haben?
- Welchen Schlüssel, welchen Zugang zu Gottes Herzen, hast Du bereits entdeckt?

KAPITEL 13:

„BIN ZU HAUSE!"

Kennst Du diese Schilder, die man manchmal an der Tür anbringt: „Bin auf der Arbeit!", oder: „Bin im Garten!", oder: „Bin zu Hause!"? Die Erfahrung der Vaterliebe Gottes hat mich nach Hause gebracht. Jetzt kann auch ich sagen: „Bin zu Hause!" Meine Reise ans Vaterherz Gottes begann nicht erst mit meiner Bekehrung, sondern eigentlich schon vor Grundlegung und Schöpfung der Welt. Mein Leben kommt direkt aus dem Herzen Gottes. Ich darf einer von Milliarden seiner Glücksideen sein, die er in Existenz gerufen hat! Das war lange bevor ich im Leib meiner Mutter empfangen wurde oder später zur Geburt kam. Der Ewig-Vater hat mich von Ewigkeit her geliebt – und wird mich ewig lieben! Seine große Liebe hätte ich nicht verstehen können, wäre nicht Jesus Christus gekommen und hätte sie mir so plastisch vor Augen gemalt. Sein Kreuz ist zum Pluszeichen der Liebe Gottes über meinem Leben geworden.

Gelobt sei der Tag, an dem das Wort aus Johannes 14,6 meinen Geist zum ersten Mal berührt und geküsst hat. „Jesus sagt: Ich bin der Weg und die Wahrheit und das Leben, niemand kommt zum Vater als nur durch mich!" Durch diese Worte drang der Himmel zu mir durch. Sie sandten Licht und Hoffnung in mein Herz. Mit der Realität dieser Worte Jesu brachte er mich nach Hause. In die Arme meines mich liebenden Abba-Vaters.

Als Schlüsselmoment in meinem kleinen Leben diente mir ausgerechnet eine äußerst schmerzhafte Zerbruchserfahrung. Ich fand mich auf einmal umzingelt von lauter Lebenskrisen: Ehekrise, Midlife-Krise, Gemeindekrise, Glaubenskrise, Beziehungskrisen. So landete ich in einem fetten Burn-out. Ich sah nur noch Dunkelheit und hatte keinen Mut mehr zum Leben. Ja, ich wünschte mir sogar, lieber tot zu sein, als diese innere Leere weiter aushalten zu müssen.

Das war für mich wirklich eine ganz finstere Zeit der Hoffnungslosigkeit. Ich fühlte mich innerlich wie gelähmt. Was macht ein Träumer, wenn er keine Träume mehr in sich hat?! Mir ging es so wie einem Maler, der erblindet – oder einem Komponisten, der sein Gehör verliert. In mir war etwas gestorben und ich konnte es nicht mehr aus eigener Kraft wiederbeleben. Das ging ein paar Jahre lang so. Ich funktionierte irgendwie weiter, Tag für Tag. Wenn ich heute auf diese Phase meines Lebens zurückblicke, kann ich meinem Gott nur danken, wie er mich durch diese dunkle Nacht meiner Seele gebracht hat.

Damals, als bei mir nichts mehr ging, empfand ich, dass ich Gottes Hilfe intensiv suchen sollte. Freunde boten mir ihr einsames Ferienhäuschen im Wald an. Ich nenne es liebevoll „meine Hütte", in die ich mich für 30 Tage von allem zurückzog. Aber was sollte ich da nur machen? Ich hatte Angst vor der Einsamkeit. Und in mir waren so viel Wut und Enttäuschung. Als ich in der Stille ankam, meinte ich in meinem Herzen zu hören, dass Gott mich aufforderte, ihm zuallererst zu danken. Das fand ich unfair und gemein! Rachepsalmen und Klagelieder; ja, die hätte ich ihm bringen können – aber doch nicht Dank! Mein Herz war dafür viel zu hart und zu wund. Bockig und schmollend, fing ich an, Gott zu danken ... ja, wofür? Danken für mein Leben. Danken für das Wunder, dass es mich überhaupt gibt (medizinisch gesehen war das für meine Eltern ziemlich ungewiss). Danken für Bewahrung. Ja, da gab es so mache Situation, die hätte tödlich ausgehen können ... Und ehe ich mich versah, waren Stunden vergangen, in denen ich Gott tausendfach danken konnte für Großes und Kleines. Als ich mich jetzt umblickte, war in meiner Hütte etwas anders geworden. Die Tür zu meinem Herzen war aufgegangen. Jetzt konnte Gottes Reden mich endlich wieder erreichen.

In den folgenden 30 Tagen hatte er nur ein Thema:
Gott will mein Vater sein, der mich liebt!
Er liebt mich und er liebt mich!
Der Vater liebt mich bedingungslos!
Abba will mein bester Freund sein und sehnt sich nach einer tiefen Herzensbeziehung zu mir.

Mein himmlischer Vater erinnerte mich an Johannes 14,6 und dann sagte er: „Bisher hast Du nur die erste Hälfte dieser Wahrheit entdeckt und umarmt: Jesus ist der einzige Weg zum wahren Leben! Aber ab jetzt und für Rest Deines Weges werde ich Dir die zweite Hälfte offenbaren: Jesus führt Dich an mein Vaterherz! Das wird zur Botschaft Deines Lebens werden!"

Jesu Hand streckte sich nach mir aus und zog mich zu sich, heraus aus meiner tiefen Not. Da, wo mein eigenes Lebenskonzept zerriss, führte Jesus mich weiter, hinter den zerrissenen Vorhang, hinein in die wunderbarste Realität der Vaterliebe Gottes. Bei Abba-Vater fand ich mein Leben! Verglichen damit erscheint mir alles, was ich zuvor erlebt habe, wie Wegbereiter und hilfreiche Hinführungen. Doch nichts kommt dieser herrlichen Nähe Gottes gleich, die ich jetzt bei ihm im Vaterhaus der Liebe erleben darf.

Auf den nächsten Seiten will ich etwas ausführlicher beschreiben, wie sich die Freundschaft und Herzensnähe zu Abba in meinem Alltag konkret gestaltet. Mein Gebet ist es, dass Du darin ein paar hilfreiche Anregungen für Dich persönlich findest und außerdem, dass Gottes guter Geist viele Anknüpfungspunkte für Dich daraus herstellen kann. Wir sind alle auf der gleichen Reise und dürfen einander ermutigen und inspirieren, Gottes Vaterherz näherzukommen.

Das Leben hinter dem Vorhang zum Allerheiligsten – oder, wie ich es auch benannt habe: das Leben im Vaterhaus der Liebe Gottes – oder: im Raum des Lebens bei Abba sein – zeichnet sich für mich am meisten durch diese drei Begriffe aus:

- glückliche Geborgenheit
- vertraute Herzensfreundschaft
- natürlich-übernatürliches Alltagsleben

Was verbirgt sich im Einzelnen dahinter?

GLÜCKLICHE GEBORGENHEIT

Als ich anfing, das Herz meines geliebten himmlischen Vaters näher kennenzulernen, war ich doch sehr erstaunt über das Maß an vertrauensvoller Nähe, das er mir als Vorschuss entgegenbringt. So wie der Vater aus Lukas 15 dem „Schweine-Jungen" entgegenrennt und küssend um den Hals fällt, so kommt mir Abba entgegen mit seiner grenzenlosen, überbordenden Liebe. Ohne Vorhaltungen über mein Fehlverhalten, ohne Ressentiments, ohne „Berührungsängste", ohne Forderungen und Vorabbedingungen.

Manchen unter uns, die es mit ihrer eigenen Gefühlswelt nicht so leicht haben, kann das etwas überwältigend und beängstigend erscheinen. Da werden alte Schutzzäune überwunden, wenn Abba auf uns zuläuft, und Brandmauern kommen zum Einsturz, damit das Feuer seiner Liebe uns besser erreichen kann. Jedoch wird er uns nie vergewaltigend überrennen! Er wartet auf ein Zeichen von uns. Echte Liebe kann warten. Sie will gewollt und eingeladen sein.

Durch die Offenbarung der Vaterliebe habe ich ein viel tieferes Bewusstsein dafür bekommen, wie nahe mir Gott kommen will. Ich lerne mehr und mehr die Atmosphäre einzuatmen, die bei meinem Abba-Papa zu Hause „normal" ist. Im Vaterhaus ist ganz viel Lachen und Freude. Die Räume sind durchflutet von Glückseligkeit und kindlicher Leichtigkeit.

> *„Du wirst mir kundtun den Weg des Lebens; Fülle von Freuden ist vor deinem Angesicht, Lieblichkeiten in deiner Rechten immerdar."*
>
> PSALM 16,11

Hast Du gewusst, dass Forscher herausgefunden haben: Ein Kind lacht im Durchschnitt etwa 400 Mal am Tag, ein Erwachsener nur circa 15 Mal oder weniger?

Freude ist das vorherrschende Lebensgefühl im Himmel. Unser Gott hat gut lachen! So, wie der Vater es zu Jesus sagte: „Du bist mein geliebter Sohn, an dir habe ich Wohlgefallen (Freude) gefunden!" (Markus 1,11), so freut sich der Vater des Lichts an seinen Kindern (Jakobus 1,17). Unser Abba ist geradezu außer sich vor Freude. Der Vater-Gott geht aus sich heraus in Christus. Abbas Herz schlägt in dem Sohn. In Jesus (Jesu, meine Freude)!

Fragen wir nach einer Definition des Wortes Freude, dann finden wir eine Fülle von Aspekten, die es gut umschreiben: ein erhebendes Gefühl haben; es zieht nach oben; überrascht sein vom Guten; mehr als erwartet; einverstanden sein mit sich selbst und den Umständen; ein Widerhall und Echo auf Beschenktsein; leuchtend-strahlende Augen und Mundwinkel nach oben; Luftsprünge machen, Freudentänze veranstalten, Hüpfen vor Freude (froh hüpfend wie ein Frosch – daher kommt ursprünglich unser deutsches Wort „Freude"); die kleinen Freuden im Alltag genießen; Vorfreude erleben; Schadenfreude ist keine wirkliche Freude; Friede, Freude, Eierkuchen; froh zu sein, bedarf es wenig – und wer froh ist, ist ein König!; geteilte Freude ist doppelte Freude ... Freude ist ein intensives und positives Gefühl, das wir über etwas Gutem empfinden oder an das wir uns gerne erinnern.

Die Bibel spricht in über 300 prägnanten Stellen über das Thema Freude. Denn Freude ist die „Währung des Himmels"! Jesus brachte uns die frohe Botschaft (eu-angellion). Wir feiern in Gedenken an sein Opfer am Kreuz das frohe Abendmahl (eu-charistia). Jesus Christus ist der Sohn des Wohlgefallens und der Freude (eu-dokia). Freude ist eine wichtige Säule des Königreichs Jesu und eines der Erkennungszeichen seiner Jünger. Eigentlich sind wir Christen die glücklichsten Menschen auf der Welt (– man sieht es uns leider nur nicht immer an!)

„Die Freude am Herrn, sie ist euer Schutz (eure Bergfestung, Stärke, Kraft, Zuflucht)!"
NEHEMIA 8,10

„Der Herr, dein Gott, ist in deiner Mitte, ein Held, der rettet; er freut sich über dich in Fröhlichkeit, er schweigt in seiner Liebe, er jauchzt über dich mit Jubel."
ZEFANJA 3,17

„Das Reich Gottes ist (...) Gerechtigkeit und Friede und Freude im Heiligen Geist."
RÖMER 14,17

Dietrich Bonhoeffer sagte einmal über die Freude:
„Bei Gott wohnt die Freude und von ihm kommt sie herab und ergreift Geist, Seele und Leib; und wo diese Freude einen Menschen gefasst hat, dort greift sie um sich, dort reißt sie mit, dort sprengt sie verschlossene Türen. Es gibt eine Freude, die von Schmerz, Not und Angst des Herzens gar nichts weiß; sie hat keinen Bestand, sie kann nur Augenblicke träumen. – Die Freude Gottes ist durch die Armut der Krippe und die Not des Kreuzes gegangen; darum ist sie unüberwindlich, unwiderleglich. Sie leugnet nicht die Not, wo sie da ist, aber sie findet mitten in ihr, gerade in ihr, Gott; sie bestreitet nicht die ernste Sünde, aber sie findet gerade so die Vergebung; sie sieht dem Tod ins Auge, aber sie findet gerade in ihm das Leben. Um diese Freude, die sie überwunden hat, geht es! Sie allein ist glaubwürdig. Sie allein hilft und heilt!"[2]

- Würdest Du Dich eher als fröhlichen Menschen bezeichnen oder neigst Du zu schwermütigen Gefühlen?

- Was bereitet Dir Lebensfreude? Worüber kannst Du Dich herzhaft freuen? Welche Form von Humor gehört zu Deiner Persönlichkeit?
- Kannst Du Dich an Begebenheiten in Deinem Leben erinnern, wo Dich die Freude am Leben beflügelt hat?
- Wenn Du eine „Freuden-Biografie" Deines Lebens schreiben würdest, welche Highlights wären unbedingt mit bei Deinen Aufzählungen?

Unser Meister beginnt die Bergpredigt mit den Worten der Seligpreisung: „Freuen dürfen sich alle, die ...!" und dann führt er aus, wie anders die Maßstäbe für Freude im Allerheiligsten aussehen. Diejenigen, die sonst nichts zum Lachen haben, die werden mit seiner Himmelsfreude beschenkt. Er nennt sie „glückselig" (*makarios*) – das ist mehr als „ein bisschen Friede und ein bisschen Freude". Glückseligkeit ist eine göttliche Steigerung von Freude. Ähnlich wie in unserem Sprachgebrauch zeichnet Glück den Glücksfall aus – dass uns etwas zufällt und überraschend Freude bereitet. Die Gnade Gottes ist solch ein glücklicher Zufall des Himmels; ein überraschendes Geschenk, das uns unverdientermaßen glücklich macht.

„Glück" wird heute wieder ganz großgeschrieben. Man untersucht das Glücksempfinden der Menschen und versucht, es in einem Glücksindex festzuhalten: Wo leben wohl die glücklichsten Zeitgenossen momentan – und was macht den Menschen „happy"? Es gibt sogar einen eigenen Zweig der Wissenschaft, der sich mit glücklichen Zufällen beschäftigt, unter dem Stichwort „Serendipität". Man hat festgestellt, dass viele Entdeckungen rein zufällig gemacht wurden; wie etwa Kolumbus, der einen Weg nach Indien suchte, und dabei Amerika entdeckte.

In gewisser Weise ist uns Ähnliches widerfahren. Wir suchten eine Passage zum erfüllten Leben in der Nachfolge Jesu. So gut wir es wussten und konnten, traten wir die Glaubensreise an. Dabei sind viele von uns im Strudel des Bermuda-Dreiecks christlicher Betriebsamkeit untergegangen oder haben sich hoffnungslos in dem Wirrwarr von religiösen Systemen verirrt und dabei die Orientierung verloren. Aber, was für ein Zufall! – oder soll ich besser sagen: Abba! Was für ein Glücksfall! – der Vater sandte uns seinen Sohn. Er sucht uns so lange, bis der gute Hirte uns findet und uns auf seinen Schultern wieder nach Hause trägt. Zum Glück macht Jesus für uns den Weg frei und bringt uns ans Ziel – nach Hause!

Das ist das große Glück und die Freude meines Lebens geworden.

Im Vaterhaus erlebe ich diese Freude als glückliche Geborgenheit in Gottes liebender Nähe. Da ist er mein Immanuel – Gott mit uns, Gott für uns, Gott ganz nahe bei uns! Weil Papa da ist, brauche ich mich um nichts zu sorgen, vor niemanden zu fürchten und vor keiner Einsamkeit zu fliehen. Bei ihm ist mein Leben völlig geborgen und im perfekten Frieden aufgehoben. Geborgenheit und Herzensfrieden sind elementare Indikatoren meines neuen Lebensraumes bei Abba. Das Lebensgefühl aus Psalm 91 beschreibt für mich am besten, was damit gemeint ist:

„Wer im Schutz des Höchsten wohnt, bleibt im Schatten des Allmächtigen. Ich sage zum Herrn: Meine Zuflucht und meine Burg, mein Gott, ich vertraue auf ihn! (…) Mit seinen Schwingen deckt er dich, und du findest Zuflucht unter seinen Flügeln. Schild und Schutzwehr ist seine Treue (Wahrheit). Du fürchtest dich nicht (…) Tausend fallen an deiner Seite, zehntausend an deiner Rechten – dich erreicht es nicht (…) Denn du hast gesagt:

„Der Herr ist meine Zuflucht!"; du hast den Höchsten zu deiner Wohnung gesetzt; so begegnet dir kein Unglück (...) Denn er bietet seine Engel für dich auf, dich zu bewahren auf allen deinen Wegen."

Auch ich habe in Gott Wohnung gefunden: in seinem Vaterherzen. Das ist ein wunderschöner und herrlicher Ort. Das ist meine Heimat geworden, wo ich absolut glücklich bin. Ich gehöre hierher, mehr als sonst irgendwo auf der Welt. Hier kann mir nichts mehr geschehen. Egal, welche Stürme draußen toben mögen. Hier kann ich nichts mehr verpassen, denn ich bin am Ziel meiner Träume angelangt. Ich habe das Leben gefunden. Leben in der Liebe meines himmlischen Vaters. Alles, was jetzt noch kommt, ist nur gnädige Zugabe.

Ich lebe glücklich und geborgen bei ihm!

Mir ist wohl in dem Herrn!

Leben in der glücklichen Geborgenheit von Abba heißt für mich ganz konkret: Ich lerne, meine täglichen Sorgen auf ihn zu werfen. Ich spreche mit meinem Freund darüber im Gebet. Besonders hilft es mir, meine Gedanken und Nöte in einem geistlichen Tagebuch aufzuschreiben. Das Schreiben bringt mir innere Klarheit und verleiht mir neue Worte, meine Anliegen zu benennen. Anschließend halte ich dem Vater das Ganze hin. Das bringt meinem Herzen Frieden, wenn ich dann seine Stimme höre. Oftmals hilft es mir auch, etwas ganz praktisch mit den Händen auszudrücken. Dann werfe ich zum Beispiel symbolisch meine Sorgen in Form von Steinen ins Wasser.

Finde bitte Deine eigene Ausdrucksform!

Dass das Leben mit Abba mein Glück ist, versuche ich mir täglich auf verschiedenen Wegen bewusst zu machen. Eine gute

Übung ist für mich: „Zähle Deine Segnungen!" – dann setzte ich mich hin und danke dem Vater für alles in meinem Leben, was mir gerade so einfällt. Das ist wirklich stark. Diese kleine Übung hat mir schon so oft den Tag gerettet und eine völlig neue positive Wendung gebracht – ein wahrer Perspektivwechsel.

Ein anderes Mal habe ich ein Jahr lang versucht, jeden Tag meine Glücksmomente mit Abba zu betrachten. Am Abend habe ich mein Herz gefragt: Was hat Dich heute so richtig glücklich gemacht? – Das habe ich dann stichwortartig auf einen kleinen Zettel geschrieben und in ein schönes Glasgefäß mit Schraubverschluss getan. Am Ende des Jahres war das Weckglas voll mit Schätzen meiner Erinnerungen. Das musste mit Abba gefeiert werden!

HERZENSFREUNDSCHAFT

Wenn mich Menschen immer wieder mal fragen, was das entscheidend Neue an der Offenbarung der Vaterliebe Gottes sei, antworte ich meistens: „Für mich ist das die Freundschaft mit Abba-Vater!" Nun könnte man meinen, dass ich als wiedergeborener Christ, der viele Jahre in der Nachfolge Jesu stand, diese einfache Wahrheit des Evangeliums längst intus hätte haben müssen: Welch ein Freund ist unser Jesus?! Nun gut, jetzt nennen wir es halt ein wenig anders, also von mir aus „Freundschaft mit dem Vater" – aber inhaltlich ist das doch dasselbe, oder? – Dasselbe ist aber nicht das Gleiche! – O, die deutsche Sprache kann manchmal so herausfordernd kniffliq sein: „Dasselbe" bezeichnet ein und dieselbe Sache oder Person, die im Grunde genommen identisch ist, die man aber gerade von mehreren Punkten aus unterschiedlich betrachtet. – Unter „das Gleiche" verstehen wir Dinge oder Personen, die man mit einander parallel „vergleichen" kann, die aber nicht in allem identisch sind. Sie sind schon wesenseins, aber auch etwas differenziert anders. Und damit nähern wir uns dem gewaltigen Geheimnis der Trinität, der Dreieinigkeit Gottes.

- Welche Person in der Trinität (Vater, Sohn, Heiliger Geist) kommt Dir in Deiner Frömmigkeit am Nächsten?
- Zu welcher Personenseite Gottes hast Du den innigsten Kontakt?
- Von wem weißt Du am meisten? Aus der Bibel oder eigener Erfahrung?
- Wer von ihnen ist Dir am vertrautesten?
- Wenn Du Dein Gebetsleben betrachtest, zu wem sprichst Du, wenn Du betest? Wen sprichst Du an und welche Anrede gebrauchst Du?

Nach meiner Beobachtung beten die meisten Christen zu „Jesus" – oder sprechen Gott neutral mit „Herr" oder „mein Gott" an. Wenngleich viele sagen würden, dass sie zu Vater und Sohn und Heiligem Geist gleichermaßen eine gute Beziehung pflegen. Gott sei Dank gibt es in der Trinität kein Showlaufen und keinen Ranking-Wettbewerb um Beliebtheit. Unser Gott offenbart sich auf dreierlei Weise. Jede Seite der Gottesperson ist gleich wichtig, wertvoll und bedeutsam. Aber auch unterschiedlich und damit einzigartig!

Im Himmel gibt es keine Thron-Rangfolge wie etwa in den Königshäusern dieser Welt. Wir haben keine drei Götter oder Gottheiten, sondern wir bekennen gemeinsam mit dem Volk Israel (5. Mose 6,4):

„Höre, Israel: Der Herr (Jahwe) ist unser Gott, der Herr (Jahwe) allein (ist als Einziger der Herr/er ist unteilbar)!"

Judentum und Christentum sprechen gemeinsam ihr monotheistisches Bekenntnis zu dem *einen* Jahwe-Gott. Jedoch brachte der neue Bund uns Christen eine weitere Wahrheit aus der Schatzkammer des Himmels hervor. Auch wenn wir von Ewigkeit zu Ewigkeit nur einen Gott als Herrn und König verehren und lieben werden, so hat sich uns der Ewig-Vater neu offenbart in dem Kommen seines Sohnes. Aus Liebe zu uns Menschenkindern hat sich Jahwe sein Herz herausgerissen – das ist sein Sohn, Jeschua HaMaschiach / Jesus Christus – und für unsere Schuld am Kreuz geopfert. Der Sohn hat uns mit dem Vater versöhnt und uns zu geliebten Kindern gemacht. Jesus zeigte uns den Vater und machte den Weg frei, damit wir wieder zu unserem Abba nach Hause kommen können. Von seinem Wesen her ist Gott Geist und nicht Materie. Nur der Geist Gottes kann Leben schaffen und auch ewiges Leben hervorbringen. Er ist Schöpfer und Neuschöpfer zugleich. Erst im Zusammenspiel dieser Schönheit aller drei Farben, die in der Person Gottes vorhanden sind, erkennen wir die Breite, Länge, Höhe und Tiefe der *agape*-Liebe!

Wie gesagt, es gibt in der Person Gottes keine Hierarchie oder Konkurrenz, wohl aber eine klare Unterscheidung und Zuordnung. Wenn nun Jesus für die *Gnade* der Erlösung steht und der Heilige Geist für die *Gemeinschaft* in der Kraft der Auferstehung, wofür steht dann der Vater? – Der Vater steht für ein Herz voller Liebe! Er ist die Quelle der *agape-Liebe*. Durch die Offenbarung der Vaterliebe habe ich ein viel tieferes Bewusstsein dafür bekommen, wie liebevoll Gott, der Allmächtige, ist, und wie sehr ich geliebt bin. Ich dachte – wie viele andere Christen ebenfalls – das wüsste ich alles schon. Aber weit gefehlt! Wer ins Vaterhaus der Liebe einzieht, der stellt demütig fest: „Ich hatte nur vom Hörensagen von Deiner Liebe vernommen – aber jetzt hat mein Auge Dich gesehen" (siehe Hiob 42,5).

Abba geht es um eine Freundschaft von Herz zu Herz. Er schenkt mir Einblick in sein Innerstes und ich darf die Gedanken und Gefühle meines Inneren vor ihm ausschütten. So wie Freunde es tun. Auch nach über 15 Jahren in dieser Offenbarung erstaunt es mich jeden Tag aufs Neue, dass Abba-Vater *mich* zum Freund haben will! Gute Freunde erzählen sich alles, teilen Freud und Schmerz, erleben Abenteuer miteinander, sind für den anderen da; sie lachen und weinen gemeinsam; sie sind ein lebendiges Geschenk für den jeweils anderen! Lange Zeit war diese Erkenntnis für mich lediglich eine Einbahnstraße. Ja, natürlich wusste ich, wie sehr *ich* meinen Gott brauche. Aber es fiel mir sehr schwer, daran zu glauben, dass Gott tatsächlich auch *mich* in irgendeiner Weise brauchen würde. Ich dachte, bestenfalls bin ich ein kleines Rädchen in der gigantischen Maschine des Reiches Gottes. In gewisser Weise mochte das ja stimmen. Aber ist nicht jedes Rädchen auch schnell zu ersetzen, wenn es mal ausfallen sollte?! So lebte ich viele Jahre sehr ambivalent mit der Wahrheit: „Ich bin von Gott geliebt!"

Manchmal erschien mir Gott fast so wie ein genialer Chirurg und Professor, der in seinen OPs die größten Erfolge erzielt; der einen Nobelpreis nach dem anderen dafür einheimst, todbringende Krankheiten erfolgreich zu besiegen. Dieser Arzt ist ein Genie auf seinem Spezialgebiet, ein Herr-Gott in Weiß. Bloß – keiner der Patienten kennt ihn wirklich persönlich. Die Kranken wissen nur um die Genialität dieses Mannes. Sie kennen die wissenschaftlichen Abhandlungen, die er geschrieben hat. Sie kennen womöglich sogar die biochemischen Formeln und Gleichungen, auf denen sein Erfolg beruht. Aber sie kennen nicht das, was sein Herz bewegt. Sie erleben ihn nie privat, sondern immer nur im Dienst. Unbestritten, die geheilten Patienten schwärmen von diesem Arzt und empfehlen seine Heilkünste weiter. Einige sind sogar, durch sein Vorbild beeindruckt und inspiriert, selbst Krankenschwester oder Arzt geworden, um anderen ebenso Heilung zu bringen. Aber keiner hat den Professor je zu Hause besucht. Es ist eine rein sachliche Zweckgemeinschaft, die Leben rettet – das hat überhaupt nichts mit Freundschaft oder gar Herzensnähe zu tun.

So ungefähr ging es mir auch lange Zeit mit Gott. Ich war sein Patient. Er hat mir das Leben gerettet – dafür sind Ärzte ja nun mal da, das ist ihr Job. Schließlich bin ich dann selbst „Lebensretter" geworden – aus tiefer Dankbarkeit für meine eigene Heilung. Ich wollte etwas „zurückgeben" von dem, was ich empfangen hatte. So wurde ich ein guter Mitarbeiter im „Krankenhaus", das sich Gemeinde nennt. Nach menschlichem Ermessen habe ich da einen ziemlich guten Job gemacht. Es ist sehr befriedigend, von anderen Kranken gebraucht zu werden und selbst ein bisschen „Gott in Weiß" zu spielen. Wir können lange diese Maskerade aufrechterhalten. Das „Krankenhaus" Gemeinde eignet sich hervorragend für die Spielchen der Waisenkinder. Da werden Zusatzausbildungen und beeindruckende Qualifikationen angestrebt, Doktortitel verliehen und neuste Studien mit wissenschaftlichen Ergebnissen veröffentlicht. Wow, wie sieht das kompetent und Erfolg versprechend aus!

Manch einer mag es auf der Karriereleiter des Priestertums bis zum Hohepriester bringen. Aber Jesus kam und zeigte uns, dass das niemals genügt. Der Vater sucht *Söhne und Töchter*, keine Knechte und Mägde – und auch keine Funktionäre und CEOs im Reich Gottes!

Er sucht Herzensfreunde, mit denen er sein Herz teilen kann.

„Siehe, ich stehe an (vor) der Tür und klopfe an; wenn jemand meine Stimme hört und die Tür öffnet, zu dem werde ich hineingehen und mit ihm essen und er mit mir."
OFFENBARUNG 3,20

Früher wurde diese Bibelstelle aus dem Sendschreiben an die Gemeinde in Laodizea oftmals bei Evangelisationen vorgelesen und benutzt. Der Gedankengang war in etwa folgender: Jesus steht vor der Herzenstür des Sünders und klopft an durch die Verkündigung, die ihn gerade in diesem Augenblick erreicht. Wird er auf die Predigt reagieren und seine innere Tür öffnen? Wenn ja, dann wird Jesus hineinkommen und das ewige Leben beginnt. – Sicherlich kann man diese Stelle so hören und interpretieren.

Aber zunächst einmal galt dieses Wort einer Gemeinde von wiedergeborenen Christen. Denen sagt der Geist Gottes, dass Jesus draußen vor der Tür steht und bei ihnen anklopft. O, Schreck lass nach, sie hatten das gar nicht bemerkt! Jesus sucht Einlass in ihre Herzen. Er will bei ihnen und in ihnen Wohnung machen. Er wünscht, hereinzukommen und Tischgemeinschaft mit ihnen zu halten; zu essen und zu trinken. Wie man das unter Freunden macht. Das hört sich nach ziemlich normalem Leben an und nicht nach „abgespacter" Religiosität.

Stell Dir mal bitte vor, Du hättest einen Freund, der Dich die ganze Zeit immer nur volltextet mit seinen Wünschen, Gedanken und Forderungen – der Dir aber nie zuhört und Dich nie fragt, was Du denkst, fühlst und Dir wünschst. Das wäre schon ein wenig schräg, oder?! Ich glaube sogar, dass auf dieser einseitigen Basis keine wirkliche Freundschaft jemals wachsen kann. Nun haben wir in den Abschiedsreden Jesu gehört, dass wir Gottes auserwählte Freunde sind (Johannes 15,15-16). Der Apostel Paulus kann sogar sagen, dass wir Anteil an der gesamten Gedankenwelt Gottes bekommen haben – wir haben Christi Sinn (1. Korinther 2,9.16) und er teilt alle Geheimnisse seines Herzens mit uns – weil er uns seine geliebten Freunde nennt. Wir mögen zwar nicht alles verstehen, was unser großer Freund da sagt, aber er hält vor uns nichts zurück. Er will echte Gemeinschaft, *koinonia*: Anteil geben und Anteil nehmen – wie zwischen echten (Bundes-)Partnern und (Herzens-)Freunden.

- Wann hast Du das letzte Mal Gott, den Freund Deines Herzens, gefragt, wie es ihm geht? Was fehlt ihm? Was wünscht er sich?
- Möchtest Du mal zusammen mit Abba eine Tageszeitung lesen oder die neusten Nachrichten aus aller Welt im TV oder Internet anschauen? Was denkt und fühlt Dein Abba in Anbetracht all dieser Ereignisse? Was macht das mit Deinem Herzen?
- Welche Eigenschaften oder Verhaltensweisen sind Dir besonders wichtig bei einer Freundschaft? Kannst Du manches davon auch auf Deine Freundschaft mit dem Vater anwenden?

Das Leben im Vaterhaus der Liebe Gottes hat mein geistliches Leben vollkommen verändert. Abba hat mich von Langeweile und religiösem Stress befreit. Ich muss nicht mehr länger irgendwelche fromme Spielchen spielen. Ich brauche mit meiner Leistung weder Gott zu beeindrucken noch andere Christen noch mein eigenes perfektionistisches Ego. Es geht nicht um die Quantität von Stunden und Minuten, die ich in Gottes Gegenwart verbringe, sondern vielmehr um die Qualität unserer Herzensbeziehung.

Je länger ich jetzt bei Abba im Allerheiligsten zu Hause bin, umso mehr kann mein Geist es fassen, dass *ich* anscheinend wirklich sehr wichtig für ihn sein muss. Nicht nur ich, sein Kind, brauche meinen Vater. Auch er, mein Abba, kann und will nicht mehr ohne mich sein! Es war ein langer Weg, diese Wahrheit an mein Herz heranzulassen. Es gibt Tage, da rutscht sie mir auch wieder davon. Doch über weite Strecken kann ich die herrliche Freiheit der geliebten Kinder Gottes nachspüren.

Die Freundschaft, die Abba mit jedem von uns haben möchte, ist etwas ganz Besonderes. Sie wird so einzigartig sein, wie auch Du und ich ganz einzigartige Personen sind. Es hat absolut viel damit zu tun, wer und wie wir sind. Denn Gott hat uns mit Absicht so vielfältig und bunt gemacht. Dadurch lebt er die ganze Fülle aus, die in ihm verborgen ist. Du und ich sind ein Teil davon. Wir müssen und können nicht alles widerspiegeln von dem Glanz seiner Herrlichkeit. Aber jeder Herzensfreund von Abba ist wie eine Farbe im Regenbogen, wie eine Musiknote im großen Konzert, wie ein Puzzleteil im Bilderbuch des Lebens. Es lohnt sich, so wie der Apostel Johannes an der Brust des Meisters zu liegen und auf Abbas Stimme zu hören. Dabei werden wir verwandelt in sein Bild und zugleich noch vielmehr zu der Person, die er ganz tief in uns angelegt hat.

Durch die Herzensfreundschaft mit Abba hat sich mein geistliches Leben vollkommen verändert. Früher versuchte ich, in meiner täglichen „Stillen Zeit" eine Fülle von Regeln, Übungen und Verpflichtungen abzuhandeln und abzuleisten. Ich habe nichts gegen Bibellesepläne und Gebetslisten einzuwenden, solange sie aus einer lebendigen Beziehung zu Gott herausfließen. Aber wenn sie nur noch leere Hülsen einer ausgehöhlten Gottesbeziehung darstellen, sollten wir besser noch einmal neu hinschauen.

Freundschaft mit Abba lässt sich nicht auf eine Stunde und bestimmte Rituale reduzieren. Das will 24 Stunden am Tag, sieben Tage die Woche, alle zwölf Monate, im ganzen Jahr gelebt werden. Das Geniale daran ist, dass Abba jedem seiner Kinder eine maßgefertigte Version anbietet. So wie in der natürlichen Familie, wo auch jeder speziell angesprochen werden will. Mit meinem Sohn habe ich eine völlig andere Beziehung und einen anderen Zugang zu seinem Herzen als zu meiner Tochter oder zu meiner Frau – weil jeder von ihnen so einzigartig wertvoll ist. Das gilt ebenso in unserer Gottesbeziehung. Da kann es kein Schema geben, nach dem wir alle zu funktionieren hätten.

Für mich ist die Herzensfreundschaft mit Abba zum Kernstück meines Lebens geworden. Das werden wir beide bis in Ewigkeiten leben! Ich freue mich, dass ich ihm so wichtig bin: meine Art, die Welt zu sehen; was mir Freude bringt und mein Herz höher schlagen lässt; wofür ich mich interessiere und was mir schmeckt – all das ist ihm echt wichtig! Und mir ist es kostbar geworden zu fragen: „Abba! Wie geht es Dir? Was bewegt Dein Herz?" Diese Form der Kommunikation und Nähe lässt sich beliebig häufig und völlig entspannt im Laufe des normalen Alltags immer wieder einstreuen. So bleiben wir aneinander dran!

Daneben gibt es aber auch die Zeit zu zweit im Zurückgezogenen, die jeder Freundschaft guttut. Ich nenne das meine „Turmzimmerzeit". Denn in meinem Geist sehe ich ein inneres Bild: Mein Abba und ich betreten im Schloss unserer Liebe das Turmzimmer, ganz hoch oben mit weitem Ausblick. Ich liebe das! Dieser Raum gehört nur uns beiden. Hier haben nur wir beide Zutritt. Auf Herzenshöhe begegnen wir einander und feiern unsere Liebe. Das wird nie langweilig, denn wir machen jedes Mal das, was uns Freude bereitet – was das Herz begehrt: Mal lesen wir ganz intensiv im Wort Gottes und forschen darin zu einem bestimmten Begriff; mal schweigen wir miteinander und hängen unseren Gedanken nach beim Hinausschauen aus dem Fenster; mal sind wir ganz kreativ und malen oder musizieren; mal lesen wir ein gutes Buch zusammen; mal gehen wir spazieren an der frischen Luft. Wir teilen unser Leben. Wie wahre Freunde es tun! Denn bei Abba finde ich das Leben.

NATÜRLICH-ÜBERNATÜRLICHES ALLTAGSLEBEN

Die dritte Facette des Lebens hinter dem Vorhang hat sehr viel mit ganz normalen Alltagsabläufen zu tun. Mit Schlafen, Essen zubereiten, Wäsche waschen, Berufstätigkeit, mit Kindererziehung, Gartenarbeit, Auto in die Werkstatt bringen, Hosen flicken, krank im Bett liegen, Rechnungen bezahlen, Einkäufe erledigen, Reparaturen, Zahnarztbesuch, an der Bushaltestelle warten ... aufs Klo gehen. Man könnte meinen, all das habe nichts im Allerheiligsten zu suchen. So schizophren sieht oftmals das Leben aus der Sicht der Pharisäer aus. Äußerlich messen sie nur den „hochgeistlichen" Dingen Wert bei. Sie unterteilen die ganze Welt in Heiliges (und damit für Gott wichtige Dinge) und in Profanes (und damit für Gott anscheinend weniger wichtige Dinge). Aber da haben sie die Rechnung ohne Jesus gemacht. Mir scheint, unser Meister hat es gerade deshalb so sehr auf die Konfrontation mit diesen frommen Zeitgenossen angelegt, um die Fehlhaltung ihrer Pharisäer-Herzen ans Licht zu bringen und ihnen ihre Scheinheiligkeit auszutreiben.

Jesus lehrt uns, dass in den Augen unseres himmlischen Vaters jedes Haar auf dem Kopf zählt; jeder Spatz, der vom Himmel fällt, ist ihm wichtig; jede Lilie auf der Blumenwiese hat er betrachtet. Jesus nimmt sich Zeit für anscheinend unnütze Sachen wie das Schreiben in den Sand. Er hat Zeit für Kinder, Frauen,

Alte und Kranke. Der Meister liebt es, genussvoll auf Festen zu schmausen, aber er kann auch asketisch mit sehr wenig auskommen. Seine Gleichnisgeschichten entspringen allesamt der alltäglichen Lebensrealität seiner Mitmenschen. Jesus predigt keine abgehobene Theologie oder Philosophie und auch keine esoterische Geheimniskrämerei. Seine Lehre kommt mitten aus dem Leben der Leute von heute. Alles, was er den Jüngern beibringt, ist in der Praxis geprüft. Das ist Erfahrungstheologie in Reinform. Sein Jüngerschafts-Modell ist der reinste Anschauungsunterricht. Der Sohn sagt, was der Vater ihm aufgetragen hat. Dann zeigt er den Freunden ganz praktisch, wie er das macht. Die Jünger machen es ihm nach. Am Ende werten sie ihre Erfahrungen gemeinsam mit dem Meister aus.

Der Vater sandte nicht nur eine Botschaft vom Himmel auf die Erde; vielmehr sandte er einen Botschafter, den Sohn. Das ganze Leben Jesu ist eine einzige Predigt. Alles, was er tat und wie er es tat, bezeugt seine Worte. Die Menschen sahen ihn; sie fassten ihn an; sie verbrachten viel Zeit mit ihm; sie verfolgten ihn mit ihren Augen selbst in unbeobachteten Momenten. 33 Jahre lang predigte jeder Atemzug und Herzschlag Jesu. Seine Lebensbotschaft lässt sich mit den Worten wiedergeben: „So sehr hat der Vater die Welt geliebt!" (Johannes 3,16). Sein Leiden und Sterben am Kreuz bewegen uns noch 2000 Jahre später. Banale Utensilien wie eine Dornenkrone, Brot und Wein, ein Mantel, um den gewürfelt wird – sie werden für immer Geschichte schreiben. Denn in Gottes Gegenwart gibt es keine Belanglosigkeiten. Alle Materie, auf die seine Herrlichkeit fällt, wird aufgeladen mit der himmlischen Kraft des Heiligen Geistes. So lesen wir von den Schweißtüchern des Apostels Paulus oder von dem Schatten des Apostel Petrus, auf die die Kraft Gottes kam und Wunder wirkten. Es gibt nichts Gewöhnliches, was nicht unser

Herr durch seine Präsenz außergewöhnlich verwandeln kann. Er, der den Himmel aus eigener Anschauung kennt, bringt den Himmel auf die Erde. Wie im Himmel, so auf Erden!

WENN ETWAS BEDEUTUNG HAT, DANN HAT ALLES BEDEUTUNG!

(Oder, wie William Paul Young es im Buch „Die Hütte" ausdrückt: „Wenn etwas eine Rolle spielt, dann spielt alles eine Rolle."[3])

Für unseren Abba-Vater zählt alles, was unser kleines Leben ausmacht! Das ist ihm wichtig und er nimmt sich dafür Zeit. Ich weiß, das klingt albern, kindisch und unreif. Für viele passt das so gar nicht in ihr Bild von Gott. Hier der allmächtige Schöpfer und Lenker allen Lebens im ganzen Universum – und daneben ein Abba-Papa, der sich zu seinen Kindern auf die Erde hockt und mit ihnen spielt. Sollte das wirklich wahr sein können, dass wir einen Vater-Gott haben, dem mein verlorener Schlüssel nicht gleichgültig ist; dem ich erzählen kann, worüber ich mich gerade geärgert habe; ein Papa-Gott, der Verständnis für meine Ängste und Zweifel aufbringt? Ich weiß, für viele ist das gedanklich eine echt akrobatische Nummer.

Man könnte meinen, das sei viel zu *menschlich* von Gott gesprochen. Aber leider ist es andersherum: Wir denken oftmals viel zu *unmenschlich* von Gott. Unser Vater ist noch viel liebevoller und gnädiger, als wir es uns je in unseren kühnsten Träumen ausmalen könnten!

Sein Königreich ist natürlich-übernatürlich. Wir haben einen Vater, der das Geschaffene liebt und ehrt. Deshalb ist das materiell Natürliche für ihn extrem wichtig. Ich darf nochmals an den Anfang meines Buches erinnern, als es um die Irrlehre der Gnosis ging. Abbas Haltung und Liebe für seine Schöpfung und seine Geschöpfe passten so gar nicht in die philosophisch abgedrehte Welt der Antike. Heute – im Zeitalter von künstlicher Intelligenz, grenzenloser Digitalisierung und zunehmender Umweltzerstörung – müssen wir das erneut laut sagen: Abba liebt das Natürliche und seine Schöpfung! Unser Vater macht keinen Unterschied zwischen den Welten. Er durchschreitet alle Räume und schaut hinter jeden Vorhang. Er ist der Vater, der in der unsichtbaren Wirklichkeit regiert und uns grenzenlos liebt. Zugleich ist er ganz nahe, hier bei uns.

Es ist spannend, das Neue Testament zu lesen und zu beobachten, wie beide Realitäten, Himmel und Erde, sich immer wieder vermischen und ineinander verlaufen. Mal brechen die Kräfte des Himmels in die irdische Sphäre ein: Kranke werden spontan geheilt, Engel erscheinen, finstere Mächte werden überwunden, selbst der Tod stellt keine Grenze mehr dar. Es scheint fast so, als wären wir bereits am Thron Gottes in seiner neuen Welt angelangt, wo alle Tränen abgewischt werden und jeder Schmerz ein Ende findet. Und dann wieder ein jäher Cut. Wie ein Filmschnitt. Wir prallen hart auf dem Boden irdischer Tatsachen auf. Wir hören von Unmoral in der Gemeinde, wir lesen von Machtkämpfen unter Mitarbeitern, harte Herzen werden offenbar, Leute sind krank und sterben, manche sogar den Märtyrertod. Wie passt das nur zusammen?! – Doch beim Vater passt das alles zusammen! Natürliches und Übernatürliches.

Papas Liebe ist alltagstauglich! In seinem Vaterherzen hält er die gewaltige Spannung aus, die über unserem Planeten liegt. Manche sagen dazu: In der Welt, aber nicht von der Welt. Oder: Schon jetzt und noch nicht. Mit beiden Beinen auf der Erde, mit dem Herzen im Himmel … Wie immer Du dieses Phänomen beschreiben willst.

Im Vaterhaus der Liebe Gottes können wir mit und in beiden Realitäten leben: Wir glauben und erwarten das übernatürliche Eingreifen Gottes, weil unser Vater der König eines übernatürlichen, himmlischen Königreichs ist. Aber wir leben gleichermaßen voller Vertrauen und Liebe zu ihm, wenn die Dinge im Natürlichen anders verlaufen, als wir es uns ersehnt hatten. Wer im Allerheiligsten Zu Hause ist, der weiß, unser größter Schatz ist nicht das Heilungswunder oder das Versorgungswunder, sondern der größte Schatz ist und bleibt das Wunder seiner Liebe. Alles andere ist Zugabe. Nick Vujicic, der Mann, der ohne Arme und Beine geboren wurde, sagte mal so passend: Er glaube an Gottes Wunder – aber so lange, bis das Wunder der Heilung in seinem Leben sichtbar einträfe, sei *er selbst* ein Zeichen und Wunder! Er lebt mit seiner ganzen Existenz zeichenhaft das Wunder, Gott zu vertrauen und ihn zu lieben, ohne von der Behinderung bereits geheilt zu sein.

Jesus fragte den Vater einmal: „Soll ich lieber beten: ‚Rette mich, hole mich hier heraus!‘ oder: ‚Verherrliche Dich, Vater! Ich vertraue Dir, Du weißt es am besten!?‘“ (Johannes 12,26-28).
   Das ist der Herzschlag im Vaterhaus. Wir sind Kinder, die nicht alles verstehen und überblicken können. Natürlich haben wir unsere eigenen Wünsche und Vorschläge. So wie Jesus im Garten Gethsemane auch, als er Papa bat, den Kelch des Leides an ihm vorübergehen zu lassen. Ich finde, das klingt sehr vernünftig und nachvollziehbar. Aber dann sagte Jesus: „Abba, Vater, alles ist dir möglich … doch nicht, was ich will, sondern was du willst!“ (Markus 14,36)
   Paulus, der Mann Gottes, der gewaltige Wunder im Über-

natürlichen miterleben durfte, hat auch im Natürlichen viel Spannendes durchlebt (in 2. Korinther 6,11 berichtet er von Stürmen, Schiffbruch, Beraubung, Gefangenschaft, Misshandlungen, Verleumdung usw.). Am Ende zieht er folgendes Fazit: Egal, ob ich lebe oder sterbe, mein Leben gehört dem Vater!

„Denn sei es auch, dass wir leben, wir leben (für) dem Herrn; und sei es, dass wir sterben, wir sterben (für) dem Herrn. Und sei es nun, dass wir leben, sei es auch, dass wir sterben, wir sind (gehören) des Herrn."
RÖMER 14,8

Hinter dem Vorhang, bei Abba, haben wir *das* Leben gefunden – unabhängig von den Umständen unseres Alltags. Es sollte uns Beruhigung schenken, dass der Vater immer den Überblick behält. Mein Vater-König regiert! Keine Lage unseres kleinen Lebens trifft ihn unvorbereitet. Niemals wird er überfordert sein durch eine Unmöglichkeit, die uns den Weg verstellt. Mein Papa kann alles! Ich habe keine Ahnung, wie er mich aus dieser Gefahrenzone befreien wird. Aber ich bin voller Zuversicht und Freude, weil ich mich an Gott halte! (siehe Psalm 73,28 nach Luther).

Ich gehöre zur Kriegs-Enkel-Generation. Meine Eltern und Großeltern waren traumatisiert durch zwei Weltkriege. So ist es menschlich verständlich, dass ich in meiner familiären Umgebung mit sehr vielen Ängsten aufgewachsen bin. Ängste vor Versorgungsengpässen, neuen Kriegen, Krankheiten bis hin zu endzeitlichen Ängsten vor dem Antichristen. Die Begegnung mit Jesus führte mich als Teenager bereits in die Freiheit von vielen Ängsten und Zwängen. Später lernte ich die Freiheit im Heiligen Geist schätzen und lieben. Gottes Geist führte mich aus einer gesetzlich, angstvoll-engen Frömmigkeit in neue Weiten seines Reiches. Aber erst durch die Vaterliebe Gottes habe ich die herrliche Freiheit der Kinder Gottes so richtig geschmeckt und in mich aufgesogen.

„Furcht ist nicht in der Liebe, sondern die vollkommene Liebe (des Vaters) treibt die Furcht aus."
1. Johannes 4,18

Furcht, Einsamkeit, Mangel, Stolz, Bitterkeit, Wut, falsche Tröster, Sorgen, Scham, Verdammnis, Anklage – das sind schlechte Früchte aus dem Herzen der Waisenkinder und Pharisäer. Ich bin so dankbar, dass Abba sich enorm viel Zeit nimmt, um jedes Samenkorn dieser schlechten Früchte aus mir herauszuholen. Er ist der gute Gärtner meines Herzens. Abba liebt mich gesund! Und das braucht Zeit. Und es braucht Mut zur Wahrheit – Demut; ebenso Langmut, einen langen Atem, nicht vor den Abgründen wegzulaufen, sondern dranzubleiben. Schicht für Schicht. In der Regel kommen die Nöte, die uns plagen, auch nicht nur durch ein Ereignis in unsere Seele, sondern verfestigten sich von Mal zu Mal. Da wäre es ein Trugschluss, zu glauben, dass wir mit einem vollmächtigen Gebet des mächtigen Gottesmannes schnipp, schnapp alle Probleme ein für alle Mal los seien. Auch das gehört zur natürlich-übernatürlichen Seite dazu. Alles hat einen Weg, es ist ein Prozess mit vielen Schritten (diesen Weg kann unser Vater durch seine Gnade zwar verkürzen, aber er macht das nicht immer – er hat es bei Israel auch nicht getan in den 40 Jahren Wüstenwanderung oder in den 70 Jahren Babylon!). Wer das Herz des Vaters kennenlernt – ein Herz voller Liebe –, der kann ihm auch vertrauen, dass er keine Fehler macht, selbst dann, wenn die Heilungswege anders aussehen und etwas länger dauern, als wir es uns wünschen. Josef am Hof des Pharaos, Daniel in der Löwengrube, Paulus und Silas im Kerker zu Philippi, sie alle können uns bezeugen: Alle Wege Gottes sind vollkommen, gerecht und gut – auch wenn wir sie nicht immer auf den ersten Blick als Wege seiner Liebe identifizieren können.

- Wenn Du an Deinen Alltag denkst, wie sieht da das Verhältnis von Natürlichem und Übernatürlichem aus?
- Was wäre für Dich ein Wunder Gottes? Welche Wunder erlebst Du zurzeit?
- Was löst der Satz bei Dir aus, dass der Heilungsweg ein Prozess mit vielen Schritten ist? Erlebst Du das in Deinem eigenen Leben ähnlich? Macht Dir das eher Mut oder ruft es bei Dir Panik hervor?
- Kannst Du bestätigen, dass alle Wege Gottes gut sind – auch die, die anfänglich ganz bitter schmecken?

Ich bin so unendlich dankbar, dass mein Jesus mich nach Hause gebracht hat: ins Vaterhaus der Liebe Gottes. „Bin zu Hause" … angekommen! Am Ziel meiner Träume, genau dort, wo das nächste spannende Kapitel beginnt. Denn das Leben bei Abba ist niemals Stillstand oder Langeweile, sondern atemberaubende Schönheit, kreative Vielfalt und unbekannte Weite.

An Abbas Herz wartet ein ganzes Universum neuer Abenteuer auf uns.

KAPITEL 14:

DAS GEHEIMNIS DER KÖNIGSKAMMER

Die Bibel spricht in verschiedener Weise von diesem geheimnisvollen Ort, wo der Himmel die Erde berührt. Das eine Bildwort haben wir durch das Gleichnis des Tempels bereits näher kennengelernt: das Allerheiligste. Das ist quasi das Schatzkästchen unseres Gottes, in dem er das himmlische Leben für uns aufbewahrt und mit uns teilt. Der Prophet Jesaja erlebt und durchlebt das visionär in einer dramatischen Szene:

> *„Im Todesjahr des König Usija, da sah ich den Herrn sitzen auf hohem und erhabenem Thron, und die Säume seines Gewandes füllten den Tempel. Serafim standen über ihm. (…) Und einer rief dem anderen zu und sprach: Heilig, heilig, heilig ist der Herr der Heerscharen! Die ganze Erde ist erfüllt mit seiner Herrlichkeit! Da erbebten die Türpfosten in den Schwellen von der Stimme des Rufenden, und das Haus wurde mit Rauch erfüllt.“*
> JESAJA 6,1-4

Der Hinweis auf das Todesjahr ist mehr als eine rein zeitgeschichtliche Einordnung. Der König Usija steht als Prototyp für alle Hoffnungsträger menschlicher Art. Israel setzte wieder einmal seine Hoffnung und sein Vertrauen auf einen Menschen, den neuen König. Anfangs sah alles auch ganz verheißungsvoll und rosig aus. Doch dann verstarb der junge König unerwartet früh und mit ihm starben die Träume Israels von einer besseren Zukunft. Es sollte uns zu denken geben, dass genau solche Zeitpunkte für Gottes Erscheinen ideal sind. Zeiten der Erschütterung und der gestorbenen Visionen eignen sich bestens für Gottes Eingreifen. Mit anderen Worten: Man muss nicht erst eine Lebenskrise oder ein Burn-out haben, um der Liebe des Vaters zu begegnen – aber solche tiefen Zeiten können Wegbereiter dafür sein, dass wir Gottes Liebe tiefer empfangen. In Psalm 42,8 heißt es wörtlich: *„Tiefe ruft der Tiefe zu!"* Lebensphasen, in denen wir durch Tiefen gehen, öffnen uns oftmals ein Portal zu tieferer Gottesoffenbarung.

Der Prophet Jesaja sah damals in der Vision etwas Geheimnisvolles, Erstaunliches: Allein der Saum vom Gewand Gottes erfüllte den ganzen Tempel. Wir sprechen hier vom Tempel Salomos. Das war für antike Verhältnisse ein riesiges Gebäude. Wenn schon der Saum den ganzen Tempel ausfüllt, wie müssen dann wohl die Dimensionen des restlichen Gewandes aussehen? Der Prophet malt uns plastisch vor Augen: Hier überflutet etwas Gewaltiges aus der Himmelswelt unsere kleine Welt der Wahrnehmung. Ein Mensch kann das mit bloßem Auge kaum erfassen. Gottes Welt bricht herein und wir nehmen nur etwas Klitzekleines von dem wahr, was im Thronsaal Gottes – also in Gottes Zuhause – gerade stattfindet. Wohlbemerkt, auf der Erde herrschte Trauer um den verstorbenen König, da gab es Kriege und Israel war in Nöten … aber in Gottes neuer Welt, da singen und tanzen die Engel, da regiert der dreimal heilige Jahwe uneingeschränkt. Sein Mantel der Vaterliebe schwappt geradezu in unsere Realität hinein. Und der Saum dieses goldenen Mantels reicht schon aus, um alles damit einzuhüllen.

Hunderte Jahre später sieht der Apostel Johannes, als er in der

Verbannung auf der Insel Patmos weilt, exakt die gleiche himmlische Szene:

„Nach diesem sah ich: Und siehe, eine Tür, geöffnet im Himmel (…) ein Thron stand im Himmel und auf dem Thron saß einer (…) und sie (die Engel) hören Tag und Nacht nicht auf zu sagen: Heilig, heilig, heilig, Herr, Gott, Allmächtiger, der da war und der ist und der kommt!"

OFFENBARUNG 4,1-2.8

- Es lohnt sich in diesem Zusammenhang, die Bildworte aus Offenbarung 4 und 5 ausführlicher auf sich wirken zu lassen. Lies bitte in Ruhe diese Passage und versuche mit Deinen eigenen Worten den Thronsaal Gottes „nachzuerzählen". Was fällt Dir dabei auf?
- Überdenke die Parallelen und Unterschiede vom Thronsaal im Himmel und dem Allerheiligsten im Tempel auf der Erde – was lässt sich darüber sagen?
- Welcher Traum muss/musste eventuell bei Dir sterben, damit Dein Blick frei wird auf das Leben bei Gott?

Ein weiteres Bildwort, das die Verbindung zwischen den Lebensräumen im Himmel und auf der Erde symbolisiert und verdeutlicht, ist das Bild von der Königskammer. Gemeint sind die Privatgemächer eines Herrschers. In diesen inneren Kern des Palastes durften nur die Braut oder die besten Freunde des Königs eintreten. Wenn man so will, wäre das vergleichbar mit dem Allerheiligsten. Ein geschützter, verborgener Ort der Intimität. Die Königskammer ist das Wohnzimmer und das Schlafzimmer,

Ort der Ruhe. Hier konnte man den König in seiner Privatsphäre erleben. Hier fühlte er sich frei, ungezwungen und zu Hause.

Im Lied der Lieder, dem Hohelied Salomos, finden wir diese Allegorie der Königskammer wieder:

> *„Zieh mich dir nach, lass uns eilen! Der König möge mich in seine Gemächer führen!"*
> HOHESLIED 1,4

> *„Er hat mich ins Weinhaus hineingeführt, und sein Zeichen (Banner) über mir ist Liebe."*
> HOHESLIED 2,4

> *„... Horch, mein Geliebter klopft: Öffne mir, meine Schwester, meine Freundin, meine Taube, meine Vollkommene!"*
> HOHESLIED 5,2

Das königliche Liebespaar will ungestört miteinander Zeit verbringen. Treffpunkt ist die Königskammer. Ein Raum, zu dem nicht jeder Zutritt bekommen darf. Sorgen, Arbeit, Streit und Krieg müssen draußen vor der Tür bleiben. Die Königskammer wird besonders bewacht und bewahrt. Das ist ein Ort des Vertrauens, der Geborgenheit und gegenseitigen Hingabe. In Stunden der Liebe und Intimität entsteht hier neues Leben. Hier findet das „normal-royale" Familienleben des Königshauses statt. Die Königsfamilie isst, schläft und feiert in diesen Räumen. Man lebt – und stirbt hier sogar. Welch ein herrliches, weiteres Symbol für die Wahrheit, die wir bereits im Allerheiligsten entdecken konnten: die Königskammer als Lebensraum der Freundschaft und intimen Nähe zu unserem Abba-Königvater!

In der Königskammer wurden auch die persönlichen Schätze und Kostbarkeiten aufbewahrt. In gewisser Weise war das die private Schatzkammer des Königs. Auch dies ist ein wunderschöner Hinweis für die Übertragung auf unsere persönliche Gottesbeziehung. Im Raum des Lebens, ganz nahe am Herzen des Vaters, da sammeln wir unsere wahren Herzens-Schätze.

„Sammelt euch nicht Schätze auf der Erde, wo Motte und Fraß zerstören und wo Diebe durchgraben und stehlen; sammelt euch aber Schätze im Himmel (…) Denn wo dein Schatz ist, da wird auch dein Herz sein."
MATTHÄUS 6,19-21

Die Schätze, die wir bei Abba in der Königskammer sammeln, sehen ganz anders aus als die materiellen Luxusgegenstände, von denen wir in dieser Welt Reichtum und Erfüllung erwarten. Am Gnadenthron zählen andere Werte, nämlich Herzens-Beziehungen, gelebte Berufungen Gottes, göttliche Zusagen und Verheißungen, Gebetserhörungen, wundersame Begegnungen und beglückende Erfahrungen seiner Nähe …

Wenn ich auf die Schätze meines Lebens schaue, dann kann ich nur staunen. Wie oft schon hat die Liebe des Vaters mich gerettet, bewahrt, getröstet, beglückt und mich weit über mich selbst hinauswachsen lassen?! Ja, ich bin ein Königskind! Und Du auch!

KAPITEL 15:

HERZENSWORTE AUS DER KÖNIGSKAMMER

Nichts ist für mich beglückender, als wenn ich die Stimme meines geliebten Freundes vernehme. So wie der Apostel Johannes ganz nah am Herzen Jesu lebte, möchte auch ich ganz nah am Vaterherzen Gottes ruhen. Wir sind eingeladen in die Privatgemächer unseres König-Vaters. Dort in der Königskammer will er zu unseren Herzen reden – zu mir und auch zu Dir.

Ich lausche auf seine Herzensworte. Gute Worte, die aus seinem Vaterherzen fließen. Worte, die mir zu Herzen gehen. Sie besitzen die Macht, Leben zu verändern, freizusetzen, zu heilen, mich zurück auf Kurs zu bringen; aus mir den Menschen zu machen – den Sohn oder die Tochter – den Freund, den der Vater immer haben wollte.

**

Meine geliebten Kinder!

Ich habe mit jedem von euch eine einzigartige, unverwechselbare Liebesbeziehung und Herzensfreundschaft. Vergleicht einander nicht.

*

Jeder kann meine Stimme hören und meine Liebe empfangen, um sie weitergeben zu können.

*

Ich bin mehr an Begegnung interessiert als am Austausch von Information und Richtigkeiten.

✳

Überlasst mir eure eigenen Vorstellungen und Wünsche - und ihr werdet schneller das Ziel erreichen und zum wahren Segen durchdringen.

✳

Nicht alles, was ihr für gut und richtig für euch und euer Leben erachtet, ist das auch in meinen Augen. Deshalb führe ich euch oftmals andere Wege, als ihr wollt. Aber ich verspreche euch, es wird immer zu eurem Besten sein - denn ich liebe euch. Ich kann und will es nicht anders.
Meine Zeit ist nicht eure Zeit. Ich komme niemals zu spät, aber auch nicht zu früh. Legt vertrauensvoll eure Lebenszeitpunkte in meine Hand. Und ich werde es vollenden auf meine Art.

✳

Fürchtet euch nicht vor dem Unbekannten. Es reicht, wenn ich den Überblick behalte. Lasst euch nicht ängstigen durch die schlechten Nachrichten der Welt. Ihr habt eine gute Nachricht und frohe Botschaft.

✳

Manchmal versteht ihr mich nicht. Das macht euch ein wenig verwirrt. In solchen Augenblicken fangt an, mir zu danken, und zählt eure Segnungen - dann wird es wieder hell um euch sein.

✳

Die Freude an mir, eurem Abba - das ist eure Stärke. Eine andere Waffe als die Gewissheit meiner Liebe braucht ihr nicht. Es gibt nichts Stärkeres als sie.

✳

Nie ist es wichtiger, etwas für mich zu tun, zu machen, als ganz nah an meinem Vaterherzen zu ruhen. Wer bei mir ruht, kommt schneller ans Ziel.

161

*

Denkt ja nicht, ich würde euch vergessen oder übersehen, nur weil meine Hilfe euch nicht so schnell erreicht, wie ihr es euch wünscht. Meine Gedanken sind
nicht eure Gedanken! Und meine Wege sind nicht eure
Wege. Lernt, geduldig auf mein Eingreifen zu warten!

*

Wisst ihr eigentlich, wie sehr ich euch lieb habe? Das
heißt nun nicht, dass ich euch jeden Schmerz ersparen
kann. Aber ich verspreche euch, dass ich alles - wirklich alles in eurem Leben - so verändern kann, dass es am
Schluss zu einer Perle meiner Herrlichkeit wird. Genügt
euch das?!

*

Manchmal könnt ihr meine Vaterliebe nicht in den Umständen eures Alltags sehen, weil eure Augen so ver-
klebt sind von Herzeleid. Ihr könnt nicht durch das
winzig kleine Schlüsselloch eures Schmerzes hin-
durchschauen und das ganze Ausmaß meiner Herrlichkeit erkennen wollen. Habt etwas Geduld, bis ich komme
und euch aus eurer Not erhebe.

*

In meinen liebenden Armen findet ihr Schutz und Geborgenheit in den Stürmen eures kleinen Lebens.

*

Gerade, wenn es sich so anfühlt, als ob euer Leben
über euch zusammenbricht, glaubt mir bitte: Das ist der
Punkt, an dem die Kraft meiner Vaterliebe sich machtvoll
zeigen wird. Schaut dann auf mich und nicht auf Wind
und Wellen.

*

Ich habe Gedanken der Zukunft und Hoffnung über
euch. Es wird weitergehen, auch wenn ihr momentan

nicht den nächsten Schritt erkennen könnt. Dann seht nur: Ich trage euch auf meinen Flügeln. So geht es schneller!

*

Bei mir gibt es immer neue Hoffnung!

*

Meine Gnade kommt nie an ein Ende. Meine Güte hört niemals auf. Meine Liebe findet neue Wege zu euren Herzen.

*

Ihr seid nie allein, denn ich, euer guter Vater, bin immer bei euch! Vielleicht könnt ihr das nicht immer sehen oder fühlen, und dennoch ist das die Wahrheit, die euch durch die dunkelste Nacht geleiten wird.

Empfangt das Erbe der geliebten Söhne und Töchter! Nehmt euer gutes Land der Verheißung ein! Geht hinein und nehmt es in Besitz. Alles, was mir gehört, gehört auch euch!

*

Lernt, in diesem Bewusstsein zu leben: Ihr seid Königskinder! Denn ich, euer Vater, bin der König der Könige und der Herr aller Herren! Die ganze Welt steht euch offen. Alles, was ihr seht, gehört mir – und damit euch!

*

Ich stelle eure Füße auf weiten Raum. Unbegrenzte Möglichkeiten liegen vor euch. Und wenn ihr trotzdem nur Mauern und Berge vor euch sehen solltet, dann wisst: Ich bin euer Gott und Vater, der euch über jedes Hindernis hinweghebt. Meine Arme sind stark genug!

*

Meine geliebten Kinder, in den Kämpfen und Stürmen eures Lebens bekommt euer Vertrauen in meine Liebe nur noch tiefere Wurzeln. Haltet durch, bleibt dran, und ihr werdet den Lohn eurer Treue empfangen: neue Flügel des Glaubens, die euch emporheben.

*

Es gibt für mich tatsächlich kein Wort für „unmöglich"! Alle Dinge sind mir möglich. Und damit auch für euch, wenn ihr mir euer Vertrauen schenkt. Überlasst es dann bitte meiner Weisheit, was ich daraus mache!

*

Wenn ihr hingefallen seid, dann habt den Mut, neu aufzustehen. Scheitern gehört mit zum Lernprozess meiner Vaterliebe. Außer Jesus ist noch nie ein Meister vom Himmel gefallen!

*

Gerade die Krisen und Katastrophen eures Lebens sind der beste Mutterboden für meine himmlischen Gewächse. Denn dort, wo ihr schwach seid, da bin ich stark am Wirken!

*

Solange ihr euch noch über Probleme in eurem Leben beschwert, habt ihr herzlich wenig über meine Gnade gelernt!

*

Meine Vaterliebe ist der Generalschlüssel zu euren Herzen. Ich hole euch aus aller Verschlossenheit und öffne jede Tür, die euch vom wahren Leben trennen will.

*

Ihr seid so reich beschenkt! Aber oftmals vergesst ihr die Segnungen, die ihr schon aus der endlos sprudelnden Quelle meiner Liebe empfangen habt. Dann muss ich euch neu zur Besinnung rufen. Das ist keine Strafmaßnahme, sondern eine kleine Kurskorrektur, damit ihr das Ziel erreicht!

*

Kommt doch herauf zu mir. Verlasst die Täler der Traurigkeit. Steigt auf den Lobpreis-Berg. Von hier oben habt ihr eine viel bessere Aussicht und könnt neu aufatmen.

*

Zu lange habt ihr in Systemen gelebt. Ihr wurdet ein Teil von ihnen. Sie wurden ein Teil von euch. Nun wisst ihr echtes Leben nicht mehr recht zu erkennen. Diese Art des Unglaubens fährt nur aus durch Fasten und Gebet. Durch entschiedenes Abwenden von alten Pfaden und eindeutiges Hinwenden zum Weg des Lebens, den ich euch weisen werde. Mein Weg wird euch hinter den Vorhang bis hinein ins Allerheiligste führen!

Alle Räuberkinder und Verlassene, Zöllner und Pharisäer, Aussätzige und Unreine dürfen an mein königliches Vaterherz kommen. Wenn ihr lange genug bleibt, werdet ihr verwandelt in Prinzen und Prinzessinnen!

✳

Bleibt in meiner Liebe! Trinkt davon und stärkt euch bei mir. Geht nicht zu schnell wieder los. Lauft nicht weiter in eurer eigenen Kraft. Nur in der ständigen, tiefen Verbindung zu meinem Herzen werdet ihr laufen, ohne müde zu werden.

✳

Lasst euch bitte nicht durch den äußeren Glanz der Welt verführen. Die Schlange hat von jeher durch ihre schillernde Erscheinung die Herzen meiner Kinder geraubt und ihnen ihre Köpfe verdreht. Nicht alles, was glänzt, ist Gold!

✳

Seid nüchtern und wachsam! Ihr wisst es doch besser! Ich habe euch nicht unvorbereitet gelassen. Ihr habt meine Worte und meinen Geist - sie werden euch den Weg leuchten durch die Gezeiten und Zeitenwenden.

✳

Weil ihr meine Kinder seid, habe ich das blutrote Zeichen meiner Liebe über euch gesetzt. Wie das Blut in der Nacht des Auszugs in Ägypten wird euch das Banner meiner Liebe schützen vor allen Gerichten und Gefahren.

*

Nichts und niemand kann euch aus der Umarmung meiner Liebe reißen. Bei mir habt ihr einen sicheren Ort und seid geborgen.

Geliebte Kinder sind stark gemacht fürs Leben! Ich liebe euch stark. Ich liebe euch gesund. Ich liebe euch schön. Durch die Nähe meiner Herrlichkeit werdet ihr verwandelt in mein Bild. Ihr werdet ganz wie Papa!

*

Traut euch! Habt Mut, Schritte aufs Wasser des Vertrauens hinauszuwagen. Ich bin doch bei euch. Meine Hand hält euch. Ihr werdet nicht untergehen, solange ich in eurer Nähe bin. Darum sucht meine Nähe, sucht mein Angesicht!

*

Meine Vaterliebe kann euch nicht vor allem Leid bewahren, wohl aber in allem Leid.

*

Ein Blick in meine liebenden Augen genügt, und eure schräge Welt kommt wieder in Ordnung. Ich stehe im Zentrum und nicht eure Probleme!

*

Wenn ihr bei mir zu Hause angekommen seid, dann braucht ihr euch nicht mehr länger zu sorgen, ob ihr etwas verpassen könntet. Hier bei mir im Vaterhaus seid ihr am Ziel eurer Reise angelangt!

*

Lasst uns täglich das Band unserer Liebe erneuern und vertiefen.

*

Ich warte jeden Morgen neu darauf, dass ihr endlich vom Schlaf eure Augen aufmacht und wir gemeinsam durch ein nächstes Abenteuer gehen.

*

166

Ich habe euch noch so viel zu erzählen. Die Geheimnisse meines Herzens. Kommt auf meinen Schoß, legt eure Köpfe an meine Brust und lauscht den Melodien und Geschichten meiner Liebe.

Manchmal seid ihr viel zu schmutzig für mich und meine Gegenwart. Da habt ihr euch verunreinigt in den Pfützen dieser Welt. Aber selbst wenn ihr dreckig seid, dürft ihr noch kommen. Ich wasche euch rein mit der Vergebung meiner Liebe am Kreuz.

*

Vergebt euch selbst, denn ich habe euch auch vergeben! Klagt euch und andere nicht länger an, denn ich verklage euch auch nicht!

*

Jeder Morgen ist ein grandioser Neuanfang meiner Liebe.

*

Das Leben ist wunderschön! Lernt, es an der Seite meines Vaterherzens zu entdecken und zu genießen. Kinder, die nicht genießen lernen, sind ungenießbar!

*

Ihr seid meines Herzens Wonne und Freude. Ihr seid mein Reichtum und meine Kostbarkeit. Ich habe euch teuer erkauft in meiner Liebe. Erinnert euch immer wieder neu daran: Ihr seid meine wunderschöne Perle, für die ich bereit war, alles herzugeben!

*

Ich bin euer Schatz! Meine Vaterliebe ist das größte Geschenk, das ich euch jemals machen konnte. Denkt ja nicht, dass ihr schon das ganze Geschenk ausgepackt habt. Da wartet noch so viel mehr auf euch!

- Welches dieser Worte aus dem Herzen des Vaters spricht Dich besonders an? – Möchtest Du ihm jetzt nicht gleich darauf antworten?!

KAPITEL 16:

GESPRÄCH MIT EINEM GUTEN FREUND

Auf den folgenden Seiten habe ich meiner Fantasie freien Lauf gelassen. Wie wäre es, wenn ich heute Gelegenheit hätte, mit dem Apostel Johannes ein Gespräch zu führen? Quasi von Freund Gottes zu Freund Gottes? Ich habe noch so viele offene Fragen ... Mich interessieren die Kleinigkeiten, die unausgesprochen zwischen den Zeilen stehen. Ich brauche Hilfestellung, um besser begreifen und erfassen zu können und hinter die nackten Worte und Begrifflichkeiten zu schauen. Wer wäre da geeigneter als er?! – Einer der besten Freunde Jesu! Der Jünger, den Jesus liebte und der ganz nahe an seinem Herzen lag.

MATTHIAS: Lieber Johannes, zunächst einmal will ich Dir danken, dass Du mich und uns in Deine Freundschaft mit Jesus so offenherzig hast hineinblicken lassen. Ich finde Dich aufrichtig und ehrlich, wie Du sogar ungeschönt von Deinem Versagen berichtest; von Deinen falschen Vorstellungen, wie der Messias auszusehen hat – und vor allem, wie Du ungeschminkt über Dein Versagen sprichst, davon, wie Dir Dein ungestümer Hitzkopf oft einen Strich durch die Rechnung gemacht hat.

JOHANNES: Ja, mein Freund und Weggefährte, dabei habe ich noch nicht mal alles berichten können. Das Leben mit dem Meister war noch so viel aufregender und schöner, als ich es je auf ein paar Rollen Pergamentpapier verewigen könnte.

MATTHIAS: Sag mir doch bitte, was hat Dich ganz besonders auf Deinem Weg mit Jesus fasziniert?

JOHANNES: Wie der Meister mit Schwachheit umgegangen ist! Ich meine zuallererst meine eigenen Schwächen. Weil ihr das Buch der Bücher gelesen habt, müsstet ihr ja einige meiner Macken bereits kennengelernt haben ...

MATTHIAS: Du meinst Dein Donner-Temperament?

JOHANNES: Ja, genau! Johannes, der Donnersohn. So hat mich der Meister genannt. Und damit hat er mir alle Pfeile aus der Hand genommen. Du musst nämlich wissen, dass ich ziemlich gut darin war, schlagfertig zu sein. Nun ja, wenn man in einer Großfamilie aufwächst und dazu noch der Jüngste ist und so einen starken Bruder wie Jakobus an der Seite hat, der Dir immer gefühlt einen Schritt voraus ist – da bleibt Dir nichts anderes übrig. Dachte ich jedenfalls. So habe ich mir eine schnelle Zunge zugelegt. Scharf, spitz und schnell wie ein Pfeil. Ich war nicht auf den Mund gefallen. Da konnte mir wenigstens keiner was anhaben. Nun ja, bis auf den Meister!
Kennst Du das auch, wenn man sich ganz anders verhält, als man eigentlich tief drinnen im eigenen Herzen will?! So ging es mir oft!

Meine Zunge war meistens schneller als mein Gewissen. Ich habe viel Schaden damit angerichtet und manches Feuer gelegt.

Als der Meister mich ansah ... Du kannst Dir nicht vorstellen, wie seine Augen einen ansehen können! Da geht es Dir durch und durch. Ich sah Schmerz, Zorn und Liebe in einem Blick. Das verwirrte mich derartig! – Wieso Schmerz? Was tat ihm denn weh? – Und wieso Zorn? Ja, meine eigene unkontrollierte Wut, die kannte ich gut genug! Aber beim Meister, warum war er zornig? – Und da war Liebe. Natürlich Liebe. Diese Liebe hatte uns wie Fische in ein großes Netz hineinschwimmen lassen. Ohne diese Liebe würden wir niemals mehr existieren können. Nicht einen Tag länger. Das Leben in dieser Liebe hat mein Leben völlig verändert und hat mich unbrauchbar gemacht für den alten Trott, den ich bis dahin kannte.

MATTHIAS: Warum war Jesus denn zornig auf Dich und Deine Wut?

JOHANNES: O nein! Er war nicht zornig auf mich. Er war nie zornig auf einen Menschen. Nicht einmal, als er die Geldwechsler aus dem Tempel trieb oder den besessenen Schweinen befahl, sich ins Meer zu stürzen; nicht einmal am Kreuz, als die Leute ihn verhöhnten und die Soldaten ihn schlugen und bespuckten; selbst als man ihm die Nägel durch das Fleisch hämmerte ... Nein, nein, der Meister hätte tausend Mal Grund gehabt, uns Menschenkinder im Zorn zu vernichten – aber da war kein Groll oder blinde Wut in ihm, kein Anflug von Rache oder Jähzorn – so wie Du und ich es aus unseren eigenen Herzen kennen.

Sein heiliger Zorn ist entbrannt gegen all das Böse, was in unseren Herzen tobt und brennt, rennt und trennt ...

Er erklärte mir später einmal, dass sein Zorn wie eine heilsame Medizin des Himmels sei, wie ein Antiserum – so ganz anders als meine Wut. Denn meine Wut war wie ein wucherndes Geschwür. Wie Krebs in den Knochen. Ich brauchte lange, bis der Meister mich an die Wurzel meiner Schwäche heranführen konnte. Sie lag tief verborgen in meinem Herzen. Ich habe mich immer mit anderen verglichen – besonders mit meinem Bruder Jakobus. Meine eigene Ohnmacht, meine Unsicherheit, mein unreifer Eifer – sie waren alle nur Früchte am Baum meiner Not: Ich wollte gesehen werden! Die Lüge in meinem Herzen flüsterte mir ein: Dich sieht sowieso niemand ... Deinen Namen wird sich keiner merken ... Du bist klein und unbedeutend!

MATTHIAS: Wie bist Du dann diesem Lügennetz entkommen?

JOHANNES: Glaub mir, das war ein langer Weg. Nicht umsonst durfte ich ein langes Leben hier auf dieser Seite der Sonne der Herrlichkeit verbringen.

Wie gesagt, mich hat immer schon fasziniert, wie der Meister mit unseren Schwächen umgeht – so auch mit meiner eigenen schwachen Seite. Wie oft bin ich immer und immer wieder neu in die Abseits-Lügen-Fallen getappt?! Es dauert sehr lange, einen falschen Rhythmus in eine neue Lebensmelodie verwandeln zu lassen! Aber der Meister lehrte mich etwas in meinen schwachen Stunden: das Bleiben!

Bei ihm zu bleiben. In seiner Liebe zu bleiben. In seinen Worten und Verheißungen zu bleiben. Im Gespräch und Gebet mit ihm zu bleiben. In der Gemeinschaft der Jünger zu bleiben. Ganz nahe an dem Vaterherzen Gottes zu bleiben! Und je länger ich verweilte und bei ihm blieb, umso mehr transformierte mich seine agape-Liebe.

MATTHIAS: Das frustriert mich, wenn ich ehrlich sein soll! Ich wünschte mir lieber eine schnellere Lösung!

JOHANNES: Ja, so ein schneller Pfeil ist schon was Tolles!

Aber unsere Schnellschüsse verfehlen meistens das Ziel. Glaub mir, ich war ein Meister darin, Donner und feurige Blitze herabzuschleudern ...

Was mein Herz dann wirklich geheilt hat, das war – noch mehr als der Umgang mit meiner eigenen Schwäche, oder Jesu barmherziger Umgang mit den Schwachheiten anderer Leute um uns her: wie er die Armen geliebt hat, die Kinder geherzt hat und selbst vor Frauen und Leprakranken keine Berührungsängste hatte ... Ich weiß, das mag heute in euren Ohren komisch klingen, aber für uns ging der Meister immer viel zu weit. Aber dadurch zerbrach er alle Schranken und machte einen Weg für uns frei. All das war schon revolutionär anders und tat so gut! Doch was mich am meisten prägend veränderte, ja, was mein krankes, minderwertiges Herz heilte, das war, wie Jesus mit seiner eigenen Schwachheit umging. Das brachte mein hartes Herz zum Schmelzen! Ich werde das niemals vergessen können. Die Bilder stehen immer noch klar vor meinem inneren Auge. Und die Worte klingen immer noch in mir, so dass ich sie selbst Jahrzehnte später auswendig aufschreiben konnte.

Es waren jene letzten gemeinsamen Stunden mit ihm. Seine letzten Worte. Seine Abschiedsworte. Aber nicht nur, was er sagte, sondern auch, wie er es sagte. Als er mir die Füße wusch, als er das Brot brach, als er mit uns zusammen die Nacht der Nächte im Garten verbrachte. Wir hatten ja alle keine Ahnung, was kommen würde. Und dann diese qualvollen Stunden. Ihn, unseren besten Freund, so leiden zu sehen, ihn so entsetzlich schwach zu sehen ...

So kannten wir ihn alle nicht bisher! In den drei Jahren, den schönsten Jahren meines Lebens, wo wir täglich mit ihm zusammen waren – wo der Himmel offen stand und wir Wunder über Wunder erlebten – da war der Meister unendlich stark in unseren Augen. Es ging uns so wie kleinen Kindern, für die ihr Papa einfach alles kann. Es gab für ihn – und damit auch für uns, seine Freunde – einfach keine Grenzen! Selbst die Römer konnten uns nichts anhaben. Die klugen und weisen Schriftgelehrten sahen alt aus, wenn sie sich mit Jesus anlegten. Er war souverän in jeder Situation. Die Mächte der sichtbaren und unsichtbaren Welt mussten sich vor ihm beugen. Halleluja, was für ein mächtiger, mächtiger Herr, dem wir da dienten!

MATTHIAS:	Und dann kam das Kreuz – und alles wurde anders!
JOHANNES:	Nicht so schnell, mein junger Freund ...

Zuerst war da der Garten. Ich war so müde nach dem langen, heißen Tag, den vielen Leuten und dem lauten Gedränge in Jerusalem. Ich wollte nur noch schlafen, so wie wir alle. Es tat mir so weh, dass wir es einfach nicht fertigbrachten, mit dem Meister wach zu bleiben und zu beten. Ehrlich gesagt wusste ich gar nicht, wie ich richtig beten sollte. Die Leute hatten ihm einen ruhmreichen Einzug in die Stadt bereitet. Die Chancen standen doch super gut. Warum jetzt nur dieses Schwächeln, diese jämmerliche Schwachheit?! So hatten wir ihn noch nie gesehen. Er weinte, klagte, war außer sich vor Furcht und Angst und Todesschrecken.

Immer wieder schlief ich ein. Ich konnte einfach nicht mehr. Und jedes Mal war das letzte Bild vor meinen Augen: Jesus, wie er da so kümmerlich auf der Erde lag und im Gebet mit dem Vater rang ... Was sollte das Ganze bedeuten?

MATTHIAS:	Und dann kam das Kreuz ...

JOHANNES:	Ja, das Unvorstellbare brach über uns herein. Wir hätten es wissen können, aber unsere Ohren waren taub, unsere Augen blind und unsere Herzen stumpf. Am liebsten hätten wir sein Leiden am Kreuz verhindert. In mir stieg eine solche Wut auf, wie ich sie noch nie zuvor in meinem Herzen gespürt hatte. Ich wollte mit dem Schwert dreinschlagen, so wie Simon es tat. Ich wollte schreien und weinen, wie die Frauen, die mit uns waren, es taten ... In mir

herrschte eine Dunkelheit von schäumender, unge-
bremster Wut.

Ich stand fassungslos daneben, wie sie Jesus, die
Liebe meines Lebens, aufs Kreuz legten und dort in
den Tod schickten. Und während ich diese langen
qualvollen Stunden unter dem Kreuz ausharrte und
wie ohnmächtig verbrachte, während ich meine trä-
nenverquollenen Augen nicht abwenden konnte von
dem geschundenen Leib meines Meisters ...

MATTHIAS: Ja, was geschah da?

JOHANNES: Da hörte ich ihn, Jesus, zu mir reden!

Ich hörte nicht nur die Worte, die er laut und für
alle vernehmbar sprach. Das war schon wunderbar
genug: Wie er den römischen Soldaten vergab, die
ihn ans Kreuz gehängt haben. Wie er den Kriminel-
len, der am anderen Kreuz hing, zu sich ins Paradies einlud. Wie er sich um seine Mutter Maria und
um mich, seinen jungen Freund, kümmerte. Und
schließlich, wie er sein Leben vertrauensvoll in die
Hände des himmlischen Vaters legte. Das alles wäre
schon genug gewesen ...

Ich hörte auf einmal den Herzschlag seiner Liebe.
So laut und so deutlich, wie ich ihn immer hören
konnte, wenn ich bei ihm an seiner Brust lag. Wenn
wir miteinander das Mahl feierten oder einfach nur
Spaß hatten. Dieses klare und regelmäßige, rhythmi-
sche Klopfen seines Herzens. Diesen Lebens-Rhyth-
mus.

Auf einmal spürte ich die Macht seiner Liebe. Ganz
tief in mir und ganz nah an meinem Herzen. Es kam

mir vor, als ob jeder Herzschlag Jesu wie ein Hammerschlag war, der die Ketten meiner blinden, ohnmächtigen Wut in mir zerbrechen ließ. Eine Kette nach der anderen löste die Umklammerung meines Herzens und in mir bahnte sich eine ungeahnte Weite an.

Ich wollte immer gesehen werden ...
Aber nun hatte ich die Liebe gesehen!
Und die Liebe hatte mich gesehen!

Da war kein Platz mehr für selbstmitleidige Wut und trotzige Dickköpfigkeit in mir. In jenem Augenblick seiner größten Schwachheit, als Jesus, der König meines Herzens, seinen letzten Atemzug tat und sein Herz aufhörte zu schlagen – in genau diesem Augenblick erlebte ich die größte Kraft des Himmels. Und diese Macht Gottes, geboren inmitten der größten Ohnmacht, schenkte mir Befreiung und Heilung!

MATTHIAS: Was meinst Du damit?
Soviel ich weiß, hast doch auch Du gezweifelt ...
Bist Du nicht auch durch drei dunkle Tage gewandert, bis dann endlich der helle Ostermorgen Dir und den anderen Jüngern ein Licht aufgehen ließ?!

JOHANNES: Das hat man nun davon, wenn man authentisch seine Geschichte erzählt ... dann wissen es halt alle.
Ja, Du hast recht!

Aber was ich meine, was ich Dir gerade versuche zu erzählen, ist: Als Jesu Herz aufhörte zu schlagen und er zurück zum Ewig-Vater ging – da geschah ein Wunder. Nicht nur in meinem Herzen, sondern für uns alle. Also auch für Dich, mein Freund!

Das Leben Jesu zerriss.
Der Vorhang im Tempel zerriss.
Das Herz des Vaters zerriss.
Die Pforten der Höhle zerrissen.
Meine und Deine Ketten zerrissen.

Seit dem Ostermorgen kann ich ihn wieder hören!
Ich höre seinen Herzschlag.
Und jedes Klopfen sagt mir:
Ich liebe Dich, mein Kind!
Das Erstaunliche ist nur: Jetzt schlägt sein Herz in mir. Der Vater im Himmel hat das Wunder vollbracht:
Christus in uns!
Ich glaube, ihr nennt das Herz-Transplantation.
Jesus hat uns das Vaterherz Gottes gebracht. Jetzt schlägt es in mir und in Dir! Sein Leben lebt in uns!

MATTHIAS: Danke, lieber Johannes, dass Du mich und uns an Deinem Herzens-Weg teilnehmen lässt. Ich kann so viel von Dir lernen. Das Gespräch hat mir echt gutgetan und ich habe jetzt viel Stoff zum Nachdenken ...
Gerne werde ich bei anderer Gelegenheit mal wieder bei Dir vorbeischauen, wenn ich darf!

JOHANNES: Aber immer wieder gerne ...!

Bloß bitte vergiss eines nicht: Wenn Du dem Vaterherzen Gottes begegnen willst, dann geht es weniger ums Kapieren als vielmehr ums Inhalieren seiner
Liebe!

Dann bis bald!
Du weißt ja, wo ich zu finden bin!

KAPITEL 17:

UNSERE TRAUM-WG

Ich werde dem Apostel Johannes ewig dankbar sein, dass er sich am Ende seines reichen, langen Lebens noch einmal die Mühe machte, ein Buch über das Leben mit Jesus zu verfassen. Er berichtet uns so viele wundervolle Herzensworte aus der Schatzkammer seines besten Freundes. Wir erhalten detaillierte Hintergrundinformationen und werden eingeweiht in neue Geheimnisse des Himmels. Für viele Menschen ist das Johannesevangelium der erste Zugang zu einem neuen Leben mit Gott geworden. So auch für mich!

Die enorme Wirkungsgeschichte des vierten Evangeliums hat eine ganz besondere Bewandtnis, die ich folgendermaßen deute: Kein anderer Jünger erzählt uns in der Tiefe, Klarheit und persönlichen Leidenschaft so engagiert vom Vaterherzen Gottes. Bei Johannes finden wir komprimiert die meisten „Vater-Bibelstellen" überhaupt. Jesus kam, um uns mit dem Vater zu versöhnen und uns den Vater vorzustellen – das ist das Ergebnis, zu dem Johannes kommt.

Die Abschiedsreden Jesu in Johannes 14 bis 17, die letzten Worte an seine Freunde, bilden dabei den Kern seines Buches. Sie sind wie ein „Evangelium im Evangelium". Sie bilden das Herzstück dessen, was dem Heiligen Geist und Johannes wichtig war, festzuhalten. Auch mich hat ein Wort aus diesem Vermächtnis unseres Meisters ergriffen und zu neuem Leben erweckt. „Jesus sagt: Ich bin der Weg und die Wahrheit und das Leben. Niemand kommt zum Vater als nur durch mich!" (Johannes 14,6). Auf den Seiten meines neuen Buches habe ich versucht, zu entfalten, wie dieses Wort Jesu mein kleines Leben revolutioniert hat. Zuerst beschenkte mich der Heilige Geist dadurch mit neuem Leben. Es wurde mir zum Zugangswort und katapultierte mich direkt ins Reich Gottes. Dann wurde es zur Predigtbotschaft und Einladung in die Nachfolge Jesu, die ich an andere Menschen weitergeben durfte. Und schließlich brach die Offenbarung der Vaterliebe dahinter hervor, wie die Sonne hinter einer Wolkenbank durchbricht, und führte mich hinein ins Vaterhaus.

Bei Abba-Vater fand ich das Leben!
Bei Abba-Vater fand ich den Schlüssel zum Herzen Gottes!
Bei Abba-Vater bin ich zu Hause angekommen!

- Nimm Dir bitte in den kommenden Tagen Zeit und lies Johannes 14–17 in einem Stück durch.
- Welcher von den vielen Gedanken Jesu, die Du gelesen hast, berührt Dich momentan besonders intensiv?
- Versuch Dir vorzustellen, wie es den Jüngern damals erging, als sie diese Worte hörten. Welches Lebensgefühl mögen sie bei ihnen ausgelöst haben? Was machen die Worte mit Deinem Herzen?
- Ich ermutige Dich, Dir vom Vater ein Schlüsselwort aus diesen Kapiteln zeigen zu lassen. Versuche es mit Deinen/seinen Worten so persönlich aufzu-

schreiben, als ob es Dir der Vater gerade jetzt in diesem Augenblick selbst zusprechen würde.

Für mich schließt sich hier der Kreis. Unser Gott wollte von Ewigkeit her eine Lebens- und Liebesgemeinschaft mit seinen Kindern. Das ist sein Herzenswunsch: Gott will bei uns wohnen und wir dürfen seine Familie sein! Tatsächlich spricht die Bibel in drei unterschiedlichen Bildworten von dieser Sehnsucht Gottes: Familie, Braut, Freundschaft! Alle drei Begriffe verbindet etwas miteinander: Es geht um Herzensbeziehungen, aufgebaut auf gegenseitiger Liebe, Treue und Verantwortung füreinander.

Unser Gott ist zutiefst ein Beziehungswesen. Wir können von ihm gar nicht in der Einzahl sprechen. Er ist drei und doch eins. Vater, Sohn und Geist. Sein Wesen ist wie eine dynamische Bewegung voller *agape*-Liebe. Wir Menschenkinder sind die Frucht dieser innigen Umarmung und schöpferischen Verbindung. Seine Leidenschaft zieht uns mit hinein in den Kreis der Liebe. Wir werden fortan ein Teil davon sein. Entweder werden wie seine Liebe empfangen und erwidern; oder wir werden den Kreis unterbrechen und Liebeskummer verursachen, weil wir uns dieser Liebe verschließen.

Unser Gott und wir, vereint zusammen: Das ist das Dream-Team. Das ist die himmlisch-irdische Traum-WG! Die Weltgeschichte beginnt mit einer Familie in einem Garten und mündet am Ende in eine neue Stadt. Das neue Jerusalem steht für eine neue Form des Zusammenlebens mit dem dreieinen Gott und Ewig-Vater.

Wir brauchen nicht über den „Himmel dermaleinst" wilde Spekulationen anzustellen; wir leben jetzt schon im Vaterhaus und lernen Gottes Vaterherz tiefer kennen. Das ist unser Stück Himmel auf Erden. Heute lebt er bei uns. Er lebt sogar in uns. Irgendwann ziehen wir um zu ihm; sei es durch unseren physischen Tod hindurch oder weil Jesus, nach seinem Versprechen, wiedergekommen ist und uns zu sich geholt hat. Dann leben wir für immer bei ihm!

Der Weg, den Jesus mich geführt hat, brachte mich heim zu Abba, ins Allerheiligste, nach Hause. Dort darf ich alle Tage meines Lebens bleiben. Ich habe eine Heimat und Zuhause gefunden, ganz nahe an seinem Vaterherzen. Ich lebe nicht mehr länger verwaist in der Einsamkeit einer gottlosen, vaterlosen Gesellschaft. Als geliebtes Königskind darf ich von seinem Tisch essen und aus seinem Becher trinken.

> *„Du bereitest vor mir einen Tisch angesichts meiner Feinde; du hast mein Haupt mit Öl gesalbt, mein Becher fließt über. Nur Güte und Gnade werden mir folgen alle Tage meines Lebens, und ich kehre zurück ins (ich werde wohnen im) Haus des Herrn lebenslang."*
> PSALM 23,5-6

Gott wohnt nicht in Tempeln aus Stein. Er lässt sich auch nicht in religiösen Systemen einfangen und einsperren. Der Unsichtbare und Allmächtige ist nur ein Gebet weit entfernt!

Willkommen im Vaterhaus!
Er will in unseren Herzen wohnen.

Mir gefällt jene Geschichte, die man sich erzählt:
Ein kleines Mädchen hörte im Kindergottesdienst davon, dass Jesus in unseren Herzen wohnen will. Diese Vorstellung überstieg wohl ein bisschen ihre kindliche Fantasie und machte ihr

Angst. Wie sollte das zugehen, dass ein erwachsener, großer Mann in uns leben will? Doch eines Morgens saß sie freudestrahlend am Frühstückstisch ihrer Familie und verkündete laut: Nun wisse sie, dass Jesus wirklich in ihr lebt! Als die Eltern und Geschwister nachfragten, woher sie das denn nun wisse, entgegnete das kleine Mädchen: „Wenn ich ganz still bin und meine Hand auf mein Herz lege, dann kann ich spüren, wie er darin herumläuft!"

Ja, und wenn wir ganz still werden und unser Herz an das Vaterherz legen, dann können auch wir hören, spüren und erleben, wie sehr uns der Vater im Himmel liebt!

Wir sind geschaffen worden für die Gemeinschaft mit ihm. Wir gehören ins Vaterhaus. Er ist unser Vater und wir sind seine geliebten Kinder und Freunde für immer! Der aus dem Himmel kam, bringt den Himmel in unsere Herzen. Da ist nun das wahre Leben zu finden!

Ich schließe mit den vertrauten Worten Jesu:
„Habt keine Angst. Ihr vertraut auf Gott, nun vertraut auch auf mich! Es gibt viele Wohnungen im Haus meines Vaters, und ich gehe voraus, um euch einen Platz vorzubereiten. Wenn es nicht so wäre, hätte ich es euch dann so gesagt? Wenn dann alles bereit ist, werde ich kommen und euch holen, damit ihr immer bei mir seid, dort, wo ich bin. Ihr wisst ja, wohin ich gehe und wie ihr dorthin kommen könnt."
„Nein, Herr, das wissen wir nicht", sagte Thomas. „Wir haben keine Ahnung, wo du hingehst; wie können wir da den Weg kennen?"
Jesus sagte zu ihm: „Ich bin der Weg, die Wahrheit und das Leben. Niemand kommt zum Vater außer durch mich. Wenn ihr

erkannt habt, wer ich bin, dann habt ihr auch erkannt, wer mein Vater ist. Doch von nun an kennt ihr ihn und habt ihn gesehen!"
Philippus sagte: „Herr, zeig uns den Vater, dann sind wir zufrieden."

Jesus erwiderte: „Philippus, weißt du denn nach all der Zeit, die ich bei euch war, noch immer nicht, wer ich bin? Wer mich gesehen hat, hat den Vater gesehen!"

JOHANNES 14,1-9 (NL)

ZU GUTER LETZT (VON MEINER FRAU KARIN)

Es ist mir eine Ehre und große Freude, dass ich ein Geleitwort zu diesem Buch schreiben darf. Beim Lesen des Skripts habe ich mich immer wieder dabei ertappt, wie mir ein Lächeln übers Gesicht und mein Herz huschte. Das macht mich glücklich! Denn ich denke an die verschiedenen Etappen auf meinem Weg, den Vater im Himmel kennenzulernen. Wie gut, dass er mich immer wieder gelockt hat, näher zu kommen, und ich dann Schritte auf ihn zu gemacht habe.

Sollte ich mit einem Gleichnis beschreiben, was dieses Buch für mich ist, dann würde ich das Bild einer wunderbaren Mahlzeit wählen, die uns von einem Sternekoch serviert wird. Die Spezialität des Hauses wird mit ausgewählten Zutaten zubereitet; mit feinen Gewürzen und mancher Raffinesse abgeschmeckt. Nichts wirkt abgestanden, alles ist frisch zubereitet. Ein Menü, das ich von der Vorspeise bis zum Dessert genießen kann. Diese Mahlzeit belebt mein Innerstes, mein Herz und meinen Geist. Sie macht mich satt und zugleich hungrig nach mehr.

Dieses Buch singt in einer einladenden Melodie von der großen Liebe Gottes zu seinen Kindern. Kein Stress, keine Bevormundung, kein „so musst du es machen". Sie singt: „Komm näher, komm tiefer, vertrau meiner Liebe." Es ermutigt dazu, in einer intimen Freundschaft und Liebesgemeinschaft mit Abba-Vater zu leben. Da ich sehr gern in der Bibel lese, erfreue ich mich an dem reichen biblischen Befund, an den Zusammenhängen zwischen Altem und Neuem Testament, an den Hintergründen der Zeitgeschichte, an den vielen Bibelversen, an dem Einblick in das Verständnis der hebräischen Sprache. Und mitten hinein verwoben finden wir beispielhaft die Geschichte, die Matthias mit dem Vater erlebt hat. Als seine Frau habe ich das einmalige Vorrecht, hautnah mitzuerleben, wie das Geschriebene authentisch in seinem Leben verortet ist. Er schenkt uns Einblick in die Schatzkammer seines Lebens mit dem Vater. Es sind Edelsteine und Kostbarkeiten, die bewährt, erprobt und geläutert sind in den Herausforderungen und Stürmen eines ganz normalen Lebens, eines ganz normalen Menschen, so wie Du und ich.

Ich bin glücklich darüber, dass ich heute mit „Vergnügen" ein Begleitwort zu dem Buch schreiben kann. Wer mich kennt, der weiß, dass mein Anlaufweg durchaus steinig, mühsam, langwierig war, bis auch ich in der Liebe meines himmlischen Vaters ein Zuhause fand. Viele persönliche Stolpersteine meines Herzens und theologische Hürden waren zu überwinden (oder besser gesagt: waren zu erlösen). Ich schaffe es immer noch, mit Bravour mir selbst im Weg zu stehen und über „meine eigenen inneren Füße" zu fallen.

Ein Beispiel: Diese ganze Sache mit dem Kontakt zum „eigenen Herzen" bekommen ... stolper ... „Herz, wie geht es dir?" – Was sollte ich auf so eine Frage antworten? Keine Ahnung, wie es meinem Herzen geht! Ich gebe doch schon mein Bestes, mache und tue, und was wollen die denn jetzt noch? „Worte für mein Herz zu finden" war und ist für mich wie eine neue Sprache zu erlernen. Mittlerweile erlebe ich diese Sprache als ein wunderschönes Geschenk, in dem ich mich bewegen kann. Gebet ist für mich zur Begegnung mit meinem himmlischen Abba geworden. Ich zeige ihm vertrauensvoll meine verletzlichen Herzensanteile, meine Liebesbedürftigkeit, meine Ängste, meine Zweifel. Liebe fließt zwischen uns hin und her. Sie heilt mein Herz, macht es weich, ermutigt und küsst es lebendig. So etwas geschieht in der „Herzenskammer" (Kapitel 15). Übrigens, wenn Abba mich korrigiert, dann sehr humorvoll. Mit Humor gewinnt er immer mein Herz.

Der Vater tut auch unserer Ehe sehr gut. Nach vielen Ehejahren und manchen Abnutzungserscheinungen entdecken wir uns in all unserer Unterschiedlichkeit neu als Segensgeschenke. Wir entlassen uns aus überhöhten Erwartungen. Das bringt Entspannung in unsere Zweisamkeit. Manchen Liebeshunger kann nur Gott allein stillen.

Gottes Herzenswunsch, „bei seinen Kindern zu wohnen", berührt mich immer wieder. Die Kreativität, mit der er uns in der Bibel mit all den Bildern und Zeichenhandlungen sein Herz und seinen Willen vermittelt, begeistert mich. Lange fand ich all die Tempelvorschriften so kompliziert. Aber mit der Betrachtung von Johannes 14,6 – wo Jesus im Grunde sagt: „Ich bin der Tempel, in dem Gott wohnt!" – da macht das Ganze einen tiefen Sinn. Der Vorhang ist zerrissen. Der Weg zum Vater ist frei. Die Bilder der drei Räume der Stiftshütte hinterfragen mich immer wieder. Wo lebe ich denn? Etwa im Vorhof? Wieder mal in eigener Kraft? Oder habe ich heute schon in die liebenden Augen meines Abba-Vaters geschaut und seine Liebe getrunken? Die Antwort fällt unterschiedlich aus, aber ich bin auf gutem Weg. Am Herzen des Vaters bin ich immer Kind und Erbe. Aus dieser Position lässt es sich entspannter und vertrauensvoller beten. Das Bild des Leuchters im Heiligtum erinnert mich an den Heiligen Geist. Ich will mich neu erfüllen lassen. Das Kreuz Jesu wird mir in der Tiefe kostbarer, seit ich den Vater kennenlerne. Er erzählt so gern davon.

Es gab Zeiten, da haben mir bestimmte Bibelpassagen große

Angst gemacht. Inzwischen ist mir die Bibel zum „Liebesbrief meines himmlischen Abba-Vaters" geworden. In meinem Herzen ist angekommen: Ich bin geliebt! Er ist gut. Er ist Liebe. Viele Fragezeichen bleiben noch. Dennoch weiß mein Herz, dass ich ihm vertrauen kann. Das ist ein neues Lebensgefühl der Geborgenheit, denn ich bin niemals allein. Ich erinnere mich an Zeiten, wo ich all das gern glauben wollte, aber mein Herz es nicht greifen konnte. Die „100-Schäfchen"-Geschichte aus Lukas 15 ist zu meiner eigenen Geschichte geworden. Die Initiative geht vom Vater aus. Er sucht mich so lange, bis er mich gefunden hat.

Nun habe ich genug aus meinem Nähkästchen geplaudert. Ich wünsche und bete, dass dieses Buch Dich ermutigt auf Deinem Weg tiefer in die Wahrheit hinein und durch den zerrissenen Vorhang hindurch zum Vater nach Hause. Vielleicht hast Du das Buch gelesen und wünschst Dir genau das, was Du da gelesen hast. Möglicherweise jedoch hast Du Dich an manchem geärgert. In den Abschnitten sind Dir Fragen begegnet, die Dir auf dem Weg helfen wollen, Deinen Zustand zu benennen. Man kann darüber hinweglesen oder sich im Gespräch im Hauskreis, mit Freunden, darüber austauschen. Manchen hilft es auch, die Fragen schriftlich zu beantworten. Wie auch immer: Ich möchte Dich ermutigen, sowohl Deine Sehnsucht als auch Deine Bedenken, Deinen Ist-Zustand betend vor Gott auszubreiten und ihn zu bitten, dass er Dich führt und leitet in alle Offenbarung seiner selbst hinein (Epheser 3,18).

„Jesus spricht: „Ich bin der Weg und die Wahrheit und das Leben. Niemand kommt zum Vater als nur durch mich."

Herzlichen Gruß
Karin Hoffmann

ANMERKUNGEN

1   Ich wollte hier keine Doktorarbeit mit Quellenverweisen schrei-
    ben. Aber ich vermute, dass doch der eine oder andere Leser
    wissen möchte, woher ich diese Information habe. Deshalb ver-
    weise ich gerne auf folgende Homepage: Gottes Haus. 3. April
    2019. <http://www.gottes-haus.de/home/single-seite-video/
    article/weg-wahrheit-und-leben/>.

2   aus: Dietrich Bonhoeffer. „Gedanken zum Advent. 1942". Diet-
    rich Bonhoeffer Werkausgabe. 16 Bde. Gütersloh: Gütersloher
    Verlagshaus, 2015. Bd. 16, S. 373.

3   William Paul Young. Die Hütte. Berlin: Allegria, 2009, S. 271.